农业供给侧改革
平台经济爆发新势力

刘 健◎著

"互联网+"休闲农业   农产品预售与众筹

农业B2B电商   农产品B2C电商

农业新玩法   生鲜电商

人民邮电出版社

北 京

图书在版编目（CIP）数据

农业供给侧改革：平台经济爆发新势力 / 刘健著
. -- 北京：人民邮电出版社，2017.6
ISBN 978-7-115-45680-9

Ⅰ．①农… Ⅱ．①刘… Ⅲ．①农业改革－研究－中国
Ⅳ．①F320.2

中国版本图书馆CIP数据核字(2017)第079234号

内 容 提 要

本书详细解读了农业 B2B 电商、农产品 B2C 电商、生鲜电商、预售与众筹、互联网+休闲农业等，帮助互联网+农业相关从业者玩转新农业，优化我国粮食的供给效率、质量和结构，实现农产品供给两端的高效连接匹配，增强农业整体竞争力，打造农业细分领域的竞争优势。本书适合各类农产品企业营销经理、网络推广经理、企业营销总监、网站运营总监、各类电商运营经理、想开展电商业务的大中小传统企业 CEO 及高管、小型创业者，以及对移动互联网感兴趣的读者阅读。

◆ 著　　　　刘　健
　　责任编辑　赵　娟
　　责任印制　彭志环

◆ 人民邮电出版社出版发行　　北京市丰台区成寿寺路 11 号
　　邮编　100164　　电子邮件　315@ptpress.com.cn
　　网址　http://www.ptpress.com.cn
　　大厂聚鑫印刷有限责任公司印刷

◆ 开本：700×1000　1/16
　　印张：15　　　　　　　　　2017 年 6 月第 1 版
　　字数：207 千字　　　　　　2017 年 6 月河北第 1 次印刷

定价：49.80 元

读者服务热线：(010)81055488　印装质量热线：(010)81055316
反盗版热线：(010)81055315
广告经营许可证：京东工商广登字 20170147 号

前言

2015 年的两会上，"互联网 +"发展战略的提出加速了我国各个行业与互联网的融合步伐、促进了众多企业的转型升级。2016 年，"分享经济"成为两会热词，为各个行业、企业以及创业者个人指明了一个新的发展方向。

分享经济是一种依托互联网相关技术而实现资源最大化利用，并满足市场多样化需求的经济形态，近两年在出行、短租、办公以及教育等多个领域已经展现出了不可比拟的优势和强大的发展潜力。

根据国家信息中心信息化研究部、中国互联网协会分享经济工作委员会发布的《中国分享经济发展报告 2016》：2015 年，我国分享经济的市场规模约为 1.95 万亿元，参与分享经济服务提供的人员规模约为 5000 万，参与分享经济活动的人数总计超过 5 亿；预计未来 5 年，我国分享经济的增速将保持在 40% 左右，到 2020 年分享经济的市场规模在我国 GDP 中的占比将超过 10%。

而随着 2016 年《政府工作报告》的提出，分享经济将会成为一个新的"风口"，加强与多个行业和产业的融合，当然，作为我国国计民生重要组成部分的农业更不例外。

农业作为一种最古老的产业，通过与互联网的融合爆发了新的活力和生命力。而在互联网、移动互联网、大数据、云计算、物联网等技术的推动下，农业产业链的各个环节获得广泛分享，被赋予分享经济形态的因素将不仅包括农具、土地、农产品等有形的资产，也包括技术专利、品牌等无形资产，带动闲置的土地资源流转起来、闲置的劳动力参与进来，促进农业物流的高效运转，重构农业供应链，使农产品电商、休闲农业等具有更为广阔的发展空间。

例如，2013 年成立的一家美国公司"庭院俱乐部"，其所采用的就是典型的农业分享经济模式。通过将建筑公司等处闲置的挖掘机、推土机等资源出租，不仅帮助农业生产者节约了经营成本，提高了生产效率，而且公司本身也能够获得可观的收入。

再例如，肯尼亚初创企业 M-Farm 通过搭建短信系统平台，可以实现以下服务：为农户提供实时展示动态市场信息；整合与农业生产相关的供应商及服务商，方便农户可以集中购买产品或享受服务；在平台中向各个地区的消费者集中销售产品。这样不仅打破了当地渠道商的垄断，还降低了农户的生产成本和销售成本。

在我国，虽然过去农机合作社等也承担了相似的角色，帮助农业生产者获取市场信息，并提高种植的科技化和机械化水平，但受多种因素的限制，其并没有发挥分享经济的价值，难以最大限度地提高资源的利用率。

互联网以及移动互联网时代的到来，不仅打破了过去生产者与消费者之间信息沟通不畅的局面，而且大大降低了各方沟通的成本，大量中间环节的权力及地位被极大地削弱，传统的产业链及商业模式变得不再适用，资源共享成为一种常态。

　　在平台战略的推动下，分享经济与农业的深度融合，在去掉大量中间环节的同时，还要真正为广大农业生产者及消费者创造价值，通过整合闲置资源，并将其高效利用来实现多方共赢。未来，通过与分享经济的融合，我国农业将得到加速发展，农业资源被更充分地利用，农业领域的创新具有更大的探索空间，将会爆发出前所未有的巨大能量。

目录

第 1 章

农业分享经济：

一场农业领域的"存量革命"

01　分享经济的内涵、特征与类型

随着信息技术的应用发展，出现了一种新的经济形态——分享经济。2008 年，分享经济获得了一个快速成长的机会；2014 年以来，分享经济的成长更是呈现出井喷之势。

分享经济自出现以来就饱受争议，要想对分享经济有深入的理解，首先要明确一些基本的概念，如什么是分享经济？分享经济主要有哪些类型？分享经济的驱动力量是什么？分享经济有什么作用？全球分享经济的发展态势如何？下面，我们一一解答这些问题。

◆ 分享经济的内涵

在 Uber 等分享经济初创公司快速崛起后，人们对分享经济的认知水平得到了进一步提升。当然对普通消费者而言，他们虽然享受过这些公司提供的产品或者服务，但对于"分享经济"的具体概念可能并不十分了解。

　　1978 年，"分享经济"的概念正式诞生，其创始人是美国得克萨斯州立大学及伊利诺伊大学的两位社会学教授费尔逊（Marcus Felson）与潘恩（Joe L. Spaeth），二者在一篇名为《社区结构和协同消费》（*Community Structure and Collaborative Consumption：A Routine Activity Approach*）的论文中提出了分享经济的概念，但由于科学技术及基础配套设施的限制，直到近几年分享经济才迎来爆发式增长。

　　分享经济也被称为"合作性消费"，其发展需要由商业组织、社会机构、政府等第三方提供一个能让供给与需求实现高效匹配的平台，拥有闲置资源的人不但可以在平台上分享实体物品，还可以分享知识、技能等虚拟资源。

　　哈佛大学教授南希·科恩（Nancy Koehn）提出，推动分享经济持续稳定发展的，有三大核心驱动力量。

　　第一，在分享经济的运营模式中，消费者能够获得更多的权力，可以在充分搜集相关数据信息的基础上自由地进行消费决策。

　　第二，如今的消费者，尤其是年轻消费群体，对采用传统商业模式运营的企业的信任度大幅度降低，情感共鸣开始成为企业与消费者建立良好信任关系的重要基础，那些善于引发消费者情感共鸣的品牌商总是能够在激烈的市场竞争中脱颖而出。

　　第三，参与分享经济价值创造的生产者与消费者能在资源共享中获得一定的回报，消费者以更低的成本、更高的效率获得了优质的产品及服务；生产者使处于闲置状态中的资源释放出了经济价值。

　　从本质上来讲，**互联网时代的分享经济就是指一系列经济活动的总和——它借助互联网等信息手段，将分散的闲置资源整合起来，分享给有需要的人群，以满足多样化的需求**。具体来讲，这个定义包含了 3 个方面的内容，如图 1-1 所示。

新形态	• 信息革命发展到一定程度的结果
新方式	• 解决了资源配置不均的难题
新理念	• 与信息社会的发展趋势不谋而合

图 1-1　分享经济的内涵

第一，分享经济是一种新型的经济形态，是信息革命发展到一定程度的结果。正是由于互联网、物联网、大数据、云计算等新型信息技术的发展及应用，才让信息分享有了实现的可能，也才让分享经济有了出现的可能。

第二，分享经济是一种最佳的资源配置方式，该方式将供给和需求连接在一起，解决了资源配置不均的难题。借助互联网，分享经济将各种闲置的社会资源整合在一起，将其准确地提供给需求者，在最短的时间内完成了供给方和需求方的配对，促使交易成本大幅下降。

第三，分享经济是一种新理念，该理念顺应了信息社会的发展趋势。在工业社会，人们关注的是生产的最大化、利润的最大化，强调的是占有资源、占有财富；而在信息社会，人们关注的是如何实现可持续发展，强调的是物尽其用，带给人们最佳的体验。由此可见，分享经济塑造了一种新的消费观，可以推动经济实现可持续发展。

信息技术的快速发展及互联网的崛起使分享经济得以成功落地。信息在互联网中快速高效地流通，为海量的生产者及消费者进行高效率的交流互动，并自由交换个体之间的资源提供了强有力的支撑。此外，第三方平台建立的信任关系也是分享经济能够落地的一大重要条件。

分享经济在很多方面具备优势，但其最大的优势在于可以高效利用资源，减小社会资源的浪费。这不但能够带来明显的经济收益，还有利于人类社会的绿色环保以及可持续发展。

◆分享经济的基本特征

相较于传统的经济模式来说，分享经济作为互联网时代一种新的经济形态，有其独有的特征，如图 1-2 所示。

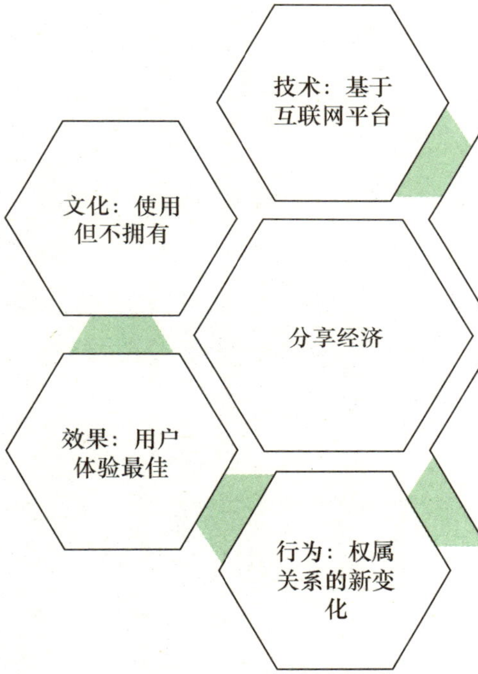

图 1-2　分享经济的基本特征

（1）技术特征

该特征表现为互联网平台的创新应用。在互联网及其智能终端推广应用的基础上，供给方和需求方实现了直接对接，二者之间建立了一种直接的联系。互联网平台虽不能为消费者直接提供产品，但是能为其提供科学的技术支持、便捷高效的信息服务，为分享经济的出现和发展提供了技术保障。

（2）主体特征

该特征表现为大众参与。分享经济出现并发展的前提是拥有充足的供给方和需求方。借助互联网平台的开放性，普通个体很轻易地就能成为分享经济的参与者，只要拥有一些资源或者技能即可。

与此同时，分享经济还属于一个双边市场，无论是供给方还是需求方，两者都能在此平台上进行交易：供给方的参与者多了，需求方所获得的利益就大；需求方的参与者多了，供给方所获得的利益就大。两者共同增长。在这种情况下，分享经济体现出来的网络效应越来越大。此外，分享经济的参与者往往具有双重身份，既是生产者，又是消费者，其个体潜能和价值能得到最大限度的发挥。

（3）客体特征

该特征表现为资源要素的快速流动和高效配置。资源是有限的，这是一件众所周知的事情。但在现实生活中，资源的闲置与浪费也是存在的，如闲置的房屋、汽车、设备等。分享经济的作用就是借助互联网将这些闲置的资源整合起来，促使其作用得到最大限度的发挥，满足不断增长的需求，以推动社会和经济实现可持续发展。

（4）行为特征

该特征表现为权属关系发生改变。在一般情况下，分享经济通过分离资源的使用权和所有权，通过以租代售、以租代买等方法暂时出让资源使用权，从而实现资源的优化配置，提升资源使用效率的。目前，分享经济已渗入所有权领域，股权众筹就是最好的证明，将来，其涉猎范围及领域将不断扩大。

（5）效果特征

该特征表现为优质的用户体验。借助于互联网等新技术，分享经济降低了时间成本和价格成本，充分地满足了用户的多样化需求。并且，用户能够对交易进行自由的评价，这些评价内容都是公开的、透明的，能对其他消费者的选择产生影响。这些都促使供给方不断提升自己的服务水平，给用户提供最优质的体验。

（6）文化特征

该特征表现为倡导"不求拥有，但求所有"的理念。交往、分享是人实现自我的需要，分享经济恰好迎合了这种需要，也迎合了人类环保意识觉醒的需要。

◆ 分享经济的类型划分

关于分享经济的类型划分，目前仍没有一个统一的标准，划分的角度不同，划分出来的类型自然也不同。

雷切尔·波茨曼认为分享经济可以划分为 3 种类型：其一是产品服务，以 Uber 等为代表；其二是二手物品交易基础上形成的产品再流通市场，以 Swaptree 为代表；其三是以资产、时间、技能为基础形成的协同生活方式，以 Kickstarter 为代表。而朱丽叶·斯格尔的划分则比较简单，她将分享经济划分为两种类型：其一是非营利性平台，以 Food Swaps 和 Time banks 为代表；其二是营利性平台，以滴滴出行、Uber 等为代表。

我们从分享对象的角度对分享经济进行分类，可以分为以下六大类：

第一，以汽车、服装、设备为主要分享内容的产品分享，其代表平台有 Uber、易科学等；

第二，以办公室、住房、停车场为主要分享内容的空间分享，其代表平台有小猪短租、Airbnb 等；

第三，以知识、经验、能力为主要分享内容的知识技能分享，其代表平台有知乎网、名医主刀、Coursera 等；

第四，以生活服务为分享内容的劳务分享，其代表平台有京东到家、阿姨来了等；

第五，以产品众筹、P2P 借贷、股权众筹为主要形式的资金分享，其代表平台有京东众筹、Kickstarter、陆金所等；

第六，以能源、农机设备、信息基础设施、工厂等为分享内容的生产能力分享，其代表平台有沈阳机床厂 I5 智能化数控系统、淘工厂、Apple Store 等。

而从满足用户需求的角度出发，我们可以将分享经济分为不同的类型，如满足穿衣需求，以 Rent the Runway 为代表；满足吃饭需求，以回家吃饭为代表；满足住宿需求，以小猪短租为代表；满足出行需求，以滴滴出行、Uber 为代表；满足学习需求，以 Coursera 为代表；满足就医需求，以春雨医生为代表；满足贷款需求，以人人贷为代表；满足旅行需求，以百度旅游为代表；满足生产需求，以淘工厂为代表。

02 正在席卷全球的分享经济模式

◆ 分享经济的驱动因素

分享经济这个概念出现的时间非常早，早在 20 世纪 70 年代就已经出现，但直到近几年才开始流行和发展，其主要原因是直到近几年，分享经济发展的驱动力量才逐渐完备。那么驱动分享经济发展的因素到底有哪些呢？如图 1-3 所示。

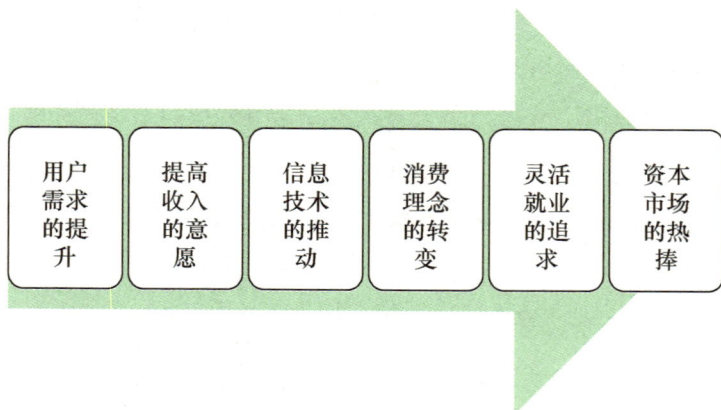

| 用户需求的提升 | 提高收入的意愿 | 信息技术的推动 | 消费理念的转变 | 灵活就业的追求 | 资本市场的热捧 |

图 1-3 分享经济的驱动因素

（1）用户需求的提升

近年来，随着工业化程度不断提升，社会上的产品物资逐渐丰富，消费需求也不断提升，消费理念日渐改变，消费者的消费需求逐渐朝着个性化方向靠拢，消费者越来越看重自我价值的实现。面对日益多样化的用户需求，传统的生产方式显得体力不支，出现了很多消费痛点，如生产成本高、厂商诚信度不足、供需对接存在隐患等。分享经济的出现正好解决了这些消费"痛点"，为用户带来了更好的体验，从而推动了产业的可持续发展。

（2）提高收入的意愿

分享经济在 2008 年获得飞速发展，是因为那一年的金融危机过后，人们希望能够有其他的方法赚钱来补贴家用，希望能够提高收入，因此他们把房屋、汽车等登记出租。在分享经济模式下，人们的各种闲置资源被重新利用起来换取一定的收益，创造了更多的价值，满足了人们提高收入的愿望。

（3）信息技术的推动

分享是人类的本性，在传统经济时代，受到时空以及技术条件的制约，人们是不能在大范围内进行分享的。进入互联网时代以来，互联网、移动互联网的发展，智能终端的普及应用，移动支付的推广普及，让分享经济的参与者能实现互联互通，让分享变得更加便捷。

随着网络和大数据分析技术的发展，资源的供需双方能够实现精确的匹配，降低了交易成本。同时，借助日益成熟的信用评价机制，新的信任关系被培养起来，为分享经济的发展提供了保障。总之，信息技术的发展是分享经济发展最大的驱动力。

（4）消费理念的转变

进入工业时代以来，包括自我价值实现和社会化交往在内的需求被长期压制，但借助现在的信息技术，分享经济赋予了人们一种新的交流、分享、创造价值的能力。现如今，人们的环保意识逐渐觉醒，节约意识逐渐增强，不再以追求过度消费为潮流，而将资源节约、社会价值创造放到了重要位置。并且，新一代消费群体的消费理念也发生了改变，他们乐于分享，成为了分享经济最重要的驱动力量。

（5）灵活就业的追求

在工业时代，人们总是将生产效率放在第一位，提倡人要像机器一样工作。进入信息时代以来，很多年轻人都不适应工业时代那种高压的工作方式，越来越向往自由、轻松的职业。

在美国，2015 年其自由职业者在劳动力总数中的比重已经超过了 30%。在中国，层出不穷的分享经济平台也催生了大规模的自由就业群体。这些就业者可以自由地进入或者退出某个职业，个人对社会的依赖程度大大降低了，人们对灵活就业的追求使得分享经济得以迅速发展。

（6）资本市场的热捧

随着分享经济的发展，分享经济成为了近几年资本市场的新宠。据统计，在世界范围内，2010—2013 年分享经济共获得 43 亿美元的投资；2014年获得 85 亿美元的投资；2015 年获得 142.06 亿美元的投资。在中国，分享经济的融资金额也呈现出了井喷增长之势，2015 年，滴滴出行获得 229.45亿元人民币的融资，美团网获得 138.6 亿元人民币的投资，蚂蚁金服获得121 亿元人民币的融资。资本市场的热捧推动着分享经济快速前进。

◆ 全球分享经济的主要发展趋势

近年来，分享经济成为了一股潮流，分享经济平台的数量不断增加，分享经济涉猎的领域日益拓展，分享经济的市场规模迅速扩大，行业竞争日趋白热化。在各国政府的推动下，未来，全球的分享经济将迎来新的发展机遇。

（1）分享经济成为热点

2008 年金融危机过后，分享经济迅速发展，从欧美到亚太再到非洲，上百个国家和地区都出现了分享经济的身影。据调查，2010 年，美国投资分享经济的机构仅有 20 家，截至 2015 年 4 月，其机构数量已达 198 个。再如 2008 年成立的 Airbnb，到 2015 年年底其涉猎的国家和地区已多达190 个，覆盖的城市数量多达 3.4 万，拥有的房源数量超 200 万，受益的房客数量更是高达 6000 万，其市场估值达到 244 亿美元。

如今，分享经济吸引了越来越多的创业者加入，平台企业逐渐增加，分享经济领域的投资机构数量也逐渐增加，风险投资金额也逐渐增长。分享经济的流行和发展对现有的法律、政策产生了强烈的撼动，吸引了社会和政府的广泛关注，日渐成为大众关注的焦点和热点。

（2）分享领域不断拓展

如今，全球的分享经济都进入了火爆发展时期，分享经济涉猎的领域也有了很大的扩展，从汽车、房屋到金融、物流、医疗、餐饮和教育，再到农业、生产、能源和城建等领域，分享经济极大地改变了人们的生活方式和工作方式。从一个地区到一个国家，最后到整个世界，分享经济最终将成为整个世界的主流。

（3）初创企业快速成长

分享经济为初创企业的快速成长提供了助力。据调查显示，截至 2016 年 2 月 4 日，在全球范围内市值超过 10 亿美元的私营企业有 151 家，这些企业覆盖了以下行业：以汽车分享为主业的滴滴出行、Uber、Lyft、Olacabs、BlablaCar 和 Grab Taxi 等；以房屋分享为主业的途家网、Airbnb 等；以网络存储空间分享为主业的 Dropbox 等；以开源软件分享为主业的 Github 等；以邻里信息分享为主业的 Nextdoor 等；以办公空间分享为主业的 WeWork 等；以医生咨询与挂号分享为主业的挂号网等；以提供金融 P2P 服务为主业的 Funding Circle、Social Finance 等；以生活服务为主业的饿了么、美团网、HelloFresh……

这些公司不仅数量众多，并且发展迅速，5 年内其市场估值就达到了亿美元级和百亿美元级。随着分享经济的发展，其涉猎领域的扩展和商业模式的创新，会有越来越多的初创企业迅速成长起来。

（4）竞争格局尚不稳定

目前在全球范围内，分享经济刚刚开始发展，格局尚未稳定。从现今的形势看，在分享经济领域获得成功的企业只占据少数，且这些企业涉及的领域也只有为数不多的几个。这些企业先发制人，形成了一定规模的用户，占据了较大的市场份额，构建了一种新的营利模式。

一般来说，分享经济领域的企业主要依靠中介费、流量广告、搜索排名、金融收益获取业务收入。对于初创企业来说，分享经济领域中的一切都尚处于探索阶段；对于地区发展来说，美国发展较为领先，亚洲、欧洲都处于探索之中，且发展非常迅速。总而言之，分享经济领域的竞争格局尚未稳定，且变化多端。

（5）政策导向趋于明朗

随着分享经济的应用和发展，人们对分享经济的了解越来越多，政府对分享经济的态度也越来越明朗，从观望走向了支持。

2012年4月，美国政府颁布了《促进创业企业融资法》，成为世界上首个股权众筹合法的国家；

2014年，美国4个州17个城市颁发了合法化专车的条例；

2015年，美国通过合法化专车的城市和州的数量达到了54个；

2014年9月，英国政府宣布将英国打造成世界分享经济的中心，打造成欧洲分享经济之都；

2015年，澳大利亚悉尼政府在"悉尼2030"的城市发展规划中加入了"汽车使用分享"的计划，公开推行汽车分享，新南威尔士州公开表示将会使分享经济行业通过法律认证，走向合法化。

此外，加拿大部分地区政府修改了原有的法律框架，构建了新的法律体系，并初步开展了调研工作，公开支持分享经济。韩国政府对涉及分享经济的企业进行政府认证，对有突出贡献的企业在宣传和资金方面给予帮扶。为了推动分享经济的发展，韩国还计划对相关的法律法规进行调整。

总而言之，各国政府对分享经济的态度趋于明朗，开始从政策、资金等方面公开支持分享经济的发展。

03　分享经济的作用与认识误区

◆分享经济的作用

分享经济对社会发展产生了诸多作用，具体来讲，这些作用主要表现在以下几个方面，如图 1-4 所示。

为大众创新带来新的动力

打造新业态增长点

扩大有效供给模式

激发组织创新活力

实现低碳生存新理念

促进灵活就业新生活

走向多元协同治理新方式

图 1-4　分享经济的作用

（1）为大众创新带来新的动力

创新是推动经济社会发展的不竭动力，创新的本质就是生产要素的重组，借助分享、合作的方式，能够将生产要素的重组成本降到最低，吸引更多的人参与，实现大众创新。

首先，分享经济方便了生产要素的社会化应用，厂房、设备、闲置生产力，只要有需要，无论是企业还是个人都可以租用，将生产要素和生产条件组合在一起，创新更加简单易行。其次，分享经济使创新产生的风险得到有效降低，低风险的微创新吸引了众多创业者进入，为大众创新的实现奠定了基础。

（2）打造新业态增长点

李克强总理说："目前全球的分享经济呈现出快速发展的趋势，是拉动经济增长的新路子。"分享经济满足了人们的多样化需求，刺激了消费，提升了创新能力和生产效率，对经济增长产生了巨大的推动作用。

> 在美国，据调查，2014 年，Uber、Lyft 和 Sidecar 为美国经济带来了 5.19 亿美元的增长，房屋分享新增客户达 14%；在日本，独有的旅游体验增强了游客再次旅游的欲望，并且有 28% 的游客表示，如果没有房屋分享，他们不会在当地停留那么长时间；在中国，分享经济创造了很多新的经济增长点，以出行领域为例，2015 年其成交额达 500 多亿元，并且各行各业的分享经济都在大步发展。

总之，如今的发展形势正应验了李克强总理的讲话，分享经济打造了诸多新的经济增长点，拉动了经济发展。

（3）扩大有效供给模式

在以往的经济模式下，企业往往是根据经验或者领导决策来进行生产的，产品数量与市场需求量不符，要么产量过多出现库存积压，要么产量过少供不应求。但是在分享经济模式下，消费者可以提前下单，市场需求清晰明了。同时，在分享经济的模式下，各种社会资源都能被调用起来，增强供给弹性，满足消费者的多样化需求。此外，在网络互动评价系统的作用下，供需双方的意见都能得到及时反馈，提升了供给的有效性。

（4）激发组织创新活力

在分享经济模式下，人们通过协作等方式进行生产，能够将边际成本降到最小，甚至是零。在这种情况下，经济生活的组织方式就有了新的改变：一方面，分享经济借助各网络平台使经营个体可以和用户直接对接，形成一种名为"大规模业余化"的新的组织方式；另一方面，分享经济吸引了众多企业和机构的参与，借助众包、众创等方式实现了社会资源的整合，促使创新成本有效降低、创新效率大幅提升，有效地激发了创新活力。

（5）实现低碳生存新理念

随着社会的发展，人们的环保理念越来越强，分享经济迎合了这种环保理念，实现了低碳生存。在理论层面上，如果家庭中的部分日用品选择租用而不是购买，每年就能减少一定比例的碳排放量；如果汽车、电话、家具、服装、电视、玩具等产品都可以分享的话，每年能减少的碳排放能高达 20% 左右。

> 事实证明，分享经济能有效地实现低碳生活。以汽车分享为例，美国分享经济协会提供的数据表示，每分享 1 辆汽车就能使汽车的购买数量减少 13 辆；滴滴出行发布的报告表示，仅依凭快车拼车与顺风车，一年就能节省汽油 5.1 亿升，减少碳排放 1355 万吨，这个数据相当于多种植 11.3 亿棵树；Uber 提供的数据表示，在杭州，每 3 天因拼车出行而减少的碳排放相当于增加一个西湖面积的森林。

（6）促进灵活就业新生活

分享经济使传统经济条件下的"全时雇用"关系被解除，就业岗位大幅增加，就业方式更加灵活。据调查，在 2013 年，仅在芝加哥地区，Uber 就新增了 1049 个就业岗位。我国国内的家政行业，其企业共有 65 万家，从业人员多达 2500 多万，这些人员大多是灵活就业人员。

分享经济为人们创造了一种新的赚钱方法，使人们摆脱了对组织的依赖，依凭个人的知识技能和劳动能力就能从事生产，获取业务收入。在这种模式下，那些工作时间弹性很大却没有弹性劳动力的企业能够快速发展，能最大化实现其利益。

（7）走向多元协同治理新方式

分享经济为创新社会治理体系提供了机会，主要表现在3个方面：其一，分享经济为创新社会治理体系提出了新要求；其二，分享经济为创新社会治理体系提供了丰富的经验和有效的支撑；其三，在分享平台发展的过程中，以大数据为基础的治理机制有效建立，在保证平台稳定运行的前提下积累了宝贵的经验，推动社会治理朝着多元化、开放化和协同治理等方向转变。

◆分享经济的认识误区

分享经济虽出现得早，但发展的时间较短，在理论研究方面存在诸多空白，实践探究不足，人们对分享经济的认识还存在诸多误区。

（1）将分享经济与免费经济等同，这种认识是错误的

从本质上来讲，分享经济通过整合闲散资源，提升资源的利用效率来创造新的价值，获取收益。它的营利属性一方面为资源供给方提供了回报，另一方面为分享经济的可持续发展提供了资金支持。

（2）认为分享经济必然颠覆传统行业，这种认识是错误的

分享经济是一种新的经济形态、新的经济发展理念和新的经济发展模式，这一点毋庸置疑，但它并非是为了对传统行业产生颠覆，因为任何一个行业都能借助分享经济实现转型发展，创造更大的价值。

（3）觉得分享经济不安全，这种认识是错误的

从理论层面来讲，分享经济是公开透明的，它的交易流程也是可以被追溯的，这两点完全可以保证分享经济的安全性。从实践层面来讲，分享经济发展之初出现了诸多安全问题，但随着平台安全保证机制的日益完善，分享经济的安全问题将被彻底解决。

（4）认为分享经济会诱发新的社会不公，这种认识是错误的

有人认为分享经济会诱发不公平竞争，这一点是不可否认的，但是这种不公平竞争并不是分享经济带来的，而是技术创新扩散所产生的必然结

果，是制度创新滞后所诱发的关键问题。在未来，随着分享经济的发展，其在扩大供需、推动经济增长方面的作用会日益明显，会为大量弱势群体参与社会创新提供诸多机遇，从而对社会公平发展起到巨大的推动作用。

04 分享经济释放农业经济新动能

从狭义上看，"分享经济"是指拥有闲置资源的个体或组织为了满足经济需求，而与其他个体或组织进行的资源使用权共享。通常来说，参与分享经济价值创造的主体主要包括 3 个部分：**可以提供产品或者服务的生产者；存在需求的消费者；为两者提供对接服务的分享经济平台。**

据统计，2015 年我国分享经济市场规模约为 1.95 万亿元，相关从业人员规模达到近千万人。未来五年中，保守估计其将以 40% 的年均增长率保持高速增长，预计到 2020 年，分享经济市场规模将在我国 GDP 中占比达到 10%。

分享经济使大量闲置的资源得到充分利用，而且需求端花费的成本也相对较低。供给方通过共享产品的使用权可以获得一定的利润回报，而需求方不需要购买产品，仅用极低的价格就可以使用产品或者享受服务。

分享经济的发展展现出了去中心化及再中介化的特征。对于前者而言，分享经济的出现极大地削弱了产品流通过程中的中间环节商家的权利，通过互联网，生产者可以跨过中间环节直接为需求方提供产品或服务。对后者来说，在理想状态下，需求方与供给方确实不需要有中介组织的参与即可完成交易，但为了更高效率的匹配、消除陌生人之间的不信任感、实现规模化及产业化等，还需要由提供平台服务的分享经济公司参与其中。

"分享"并非是一种全新的概念，但由于分享成本及效率等方面的限制，在互联网尤其是移动互联网未出现以前，分享虽然存在，但其体量及应用范围相对较小。具体来看，移动互联网时代具备的全面移动化特征及迅速席卷全球的移动支付浪潮推动了分享经济的进一步发展：以智能手机为代表的移动终端及无所不在的移动互联网，使人们的生活及工作产生了颠覆性变革，全民移动化时代序幕已经悄然拉开；以支付宝、微信支付、PayPal为代表的移动支付工具的推广普及极大地提升了分享经济平台的交易安全性、便利性。

此外，分享经济平台为供需双方打造的双向评价机制及动态定价机制，也推动了分享经济的进一步发展。

传统行业经过多年的发展，已经形成了一套十分完善的商业模式及市场机制，而当传统产业向互联网转型时，该领域内深耕多年的相关企业往往很难转变自己的思维模式及运营思路。

互联网尤其是移动互联网的快速崛起，使海量信息得以实现快速高效的传播，沟通成本更是大幅度降低，大量中间环节的地位受了极大地削弱，传统的产业链及商业模式变得不再适用，资源共享成为一种常态，分享经济在以农业为代表的诸多传统产业中将爆发出前所未有的巨大能量。

分享经济与农业的深度融合，在去掉大量中间环节的同时，还要真正为广大农业生产者及消费者创造价值，通过整合闲置资源，并将其高效利用来实现多方共赢。

例如，如今已经具备一定发展规模的共享出行市场，就是将社会中闲置的汽车、司机等资源整合起来，为饱受出行难、打车贵、服务态度差等问题困扰的人们提供低成本、高效率的出行服务，提供汽车及服务的司机可以从中获取可观的回报，消费者得到了一种全新的出行服务解决方案，城市交通拥堵问题也得到了有效解决。这种共享资源的使用同时实现多方共赢的机制，在农业领域同样可以释放出巨大的价值。

同样，分享经济与农业市场的结合，也将使得相关的创业者及企业有很多的细分市场可以深度发掘，农产品种植、销售、土地管理、农业大数据分析、农业互联网金融等都可以释放出巨大的价值。在高度共享的农业生态中，土地、设备、农产品、劳动力等都能实现共享，最终将推动我国的传统农业完成在互联网时代的转型升级。

05 分享经济如何重构农业供应链

分享经济的核心价值在于可以充分挖掘闲置资源，通过共享资源使用权的方式，让参与主体实现多方共赢。目前，我国农业领域最大的一个特征就在于成本过高，极高的成本致使产品价格过高，产品销售受阻，进而导致产品库存积压，管理及运营成本上涨，营利能力下滑。

◆分享经济重构农业供应链

分享经济的出现可以打破农业行业成本过高的发展困境。我们需要明确的是，分享经济的核心在于资源共享，这意味着分享经济价值创造的机制并非是开发新的资源，而是对现有的闲置资源实现高效利用。从具体来看，分享经济在以下 4 个方面的资源共享可以有效降低有机行业的高成本问题，如图 1-5 所示。

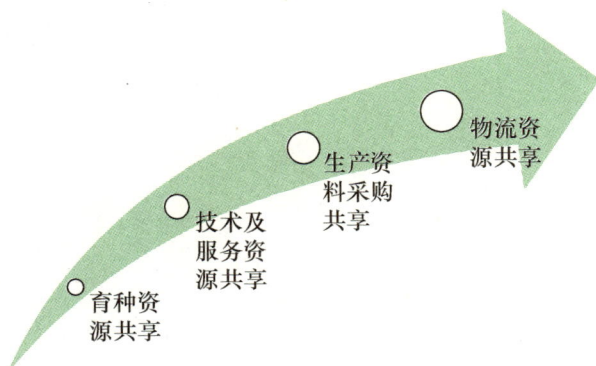

图 1-5　分享经济在农业领域的资源共享

（1）育种资源共享

无论是植物，还是动物，都可以尝试通过建立种子银行及联合育种平台等方式，让广大农业生产者能够对育种数据、成果等进行共享，从而降低时间及科研成本，使其能够低成本、高效率地完成育种。

（2）技术及服务资源共享

与普通的农业生产相比，如今有机农产品等对技术具有极高的要求，现实中每一个有机农场都需要招聘精通有机农业相关技术的高科技人才。但就目前我国农业行业的发展状况而言，精通农业高新技术的人才十分稀缺，而且招聘这种人才也需要给予其极高的薪酬待遇，因此那些规模相对较小的农场面临着严重的人才缺口问题。

所以，我们可以尝试通过共享平台将农业技术人才资源整合起来，并建立起一个跨区域、跨品类的技术资源共享及付费机制，这在使高新技术人才获得更高的回报、更多的社会认同感的同时，也让那些规模相对较小的农场能够获取高技术人才提供的专业指导及帮助，而且无须承担较高的人力成本。

（3）生产资料采购共享

农业生产者可以借助于第三方构建的综合平台来共同购置肥料、农药、设备等生产资料。生产资料采购共享，不但使广大生产者聚集起来获得更高的议价权，倒逼生产方提高自身的产品质量及服务，而且大幅度降低了每个生产者单独寻找卖家并进行谈判的时间及人力成本。

（4）物流资源共享

农场在购入生产资料或者运送产品时，往往需要承担较高的物流成本，那些会员制的有机农场的物流成本问题尤为突出，所以通过第三方平台实现物流资源共享，高度整合农场的配送路线及专业物流资源，可以帮助生产者大幅降低物流成本。

◆肯尼亚农业分享经济案例

分享经济作为一个最近几年才开始崛起的新兴模式，相对于出行、教育、医疗等领域而言，其在农业领域的发展时间相对较短，这使得目前市场中尚未出现统治级的农业企业，更不用说本身规模就相对较小的有机农业领域。因此，下面给出的两个案例所采用的商业模式及发展思路可以为分享经济在农业领域的深入发展提供宝贵的经验。

（1）M-Farm

M-Farm 是非洲肯尼亚地区的一家初创企业，这家企业通过搭建短信系统平台为肯尼亚地区的农户提供多种优质服务，例如：向农民实时展示动态市场信息；整合与农业生产相关的供应商及服务商，方便农户集中购买产品或享受服务；帮助农业在平台中向各个地区的消费者集中销售产品和服务。

M-Farm 的创始人是 Jamila Abass 与 Susan Eve Oguya，他们创建该公司的初衷是为了打破当地渠道商的垄断，降低农户的生产成本、销售成本等。据了解，非洲肯尼亚地区的农户与消费者之间的联系被中间商牢牢控制，农户种植的优质产品却得不到应有的回报，消费者购买这些农产品也需要付出极高的成本。

M-Farm 开发出了一套专属短信系统，农户只需要将自己的需求以短信的形式发送到 M-Farm 的服务号码 3535 后，就可以享受到 M-Farm 提供的优质服务，即便是一些不会使用电脑或者无力购置电脑的农户，也能享受到 M-Farm 提供的优质服务。

通过 M-Farm，肯尼亚的农户可以联合起来组建农业合作社，从而让农户可以集中将产品及服务销售给广大消费者，这可以有效打破传统模式中间环节通过垄断渠道赚取高额差价的运行机制。

更为关键的是，M-Farm 的出现也解决了当地农业合作社管理及运营方面的信息不透明问题。肯尼亚地区的某些农业合作社中的领导者经常会出现为自己牟取私利的问题，从而损害广大社员的权益，这也导致了当地农业合作社缺乏足够的向心力，合作社成立后不久就被解散十分普遍。

M-Farm 打造出了一个公平、透明的合作社运作流程，它可以让当地的农户聚集起来组建成为相对稳定的多个合作社，并以合作社为单位向消费者集中出售产品，实时向平台中的生产者及消费者发布市场信息，推动农产品的标准化及产销一体化。

从整体来看，M-Farm 对合作社运营模式的创新，为我国农业的发展提供了一种行之有效的转型路径。借助在第三方平台中建立一套合理的规则制度，可以使分享经济对闲置资源的高效利用优势得到完美发挥，这种规则不但为参与者获取价值提供重要支撑，更对参与者的义务与责任进行了有效规范，在这种良性生态中，不需要投入海量的人力、物力等资源，也能让平台保持高效运转，最终实现多方共赢。

（2）iCow

除了 M-Farm 外，非洲肯尼亚地区还存在一家农业初创企业 iCow，该公司由企业家兼农业专家 Su Kahumbu 创建。与 M-Farm 类似的是，iCow 也开发了一套专属的短信系统，但该平台专注的是养殖领域。

当地农户将牲畜信息发送至 iCow 平台后，iCow 将根据这些信息对农户进行帮助，如牲畜疾病防治、饲养技巧等。iCow 平台将农户附近的兽医整合起来，为农户饲养的牲畜进行专业的救治。据统计 iCow 的覆盖范围已经达到了肯尼亚地区的 80% 以上。

iCow 会对入驻平台的农户的牲畜信息整合起来后集中发布，并协助农户将饲养的牲畜集中销售。通过 iCow 平台，肯尼亚地区的农户、兽医、消费者等实现了无缝对接，极大地提升了社会资源的利用效率，并使整个肯尼亚地区的养殖市场得以发展壮大。甚至 iCow 平台的运作模式也得到了那些专业级的农畜养殖中心及政府部门的认可，这对于推动肯尼亚地区农畜产品的市场地位及溢价能力而言，具有十分关键的重大意义。

06 分享经济如何与农业物流结合

从历史发展的进程来看，从原始社会进入奴隶社会是一个巨大的进步，这个进步的标志就是私有制的出现。人们希望独自占据、拥有某种物品或者资源，不愿意和他人共享。这个与公有制相对的概念是高效率经济社会的基本标志之一。但是在社会主义社会，公有制才是主流，资源共享、按需分配才是社会发展的最终目标。

实际上，分享经济的雏形早已存在于我们的日常生活中了。在这里，首先要明确一个概念，什么是分享经济？一般来说，分享经济指的就是一种将物品使用权暂时转移给陌生人，并获取一定报酬的经济模式。

在过去，邻里之间暂时借用桌椅板凳等物品就是一种共享，只是这种共享是建立在相互信任的基础上的，也不产生任何报酬，不具备经济的概念，而且这种共享受信任关系和空间的制约，并不是完整的共享模式。随着时代的发展，Uber、滴滴打车等共享平台逐渐出现，分享经济时代的大门才真正地被推开。由此，分享经济模式在全球范围内蔓延开来，渗透进了各行各业，对人们的生活和生产产生了重要影响。

但是不管分享经济发展到什么样的程度，其本质是不会改变的：从大的方面来说，分享经济就是整合闲散资源进行优化配置；从小的方面来说，分享经济就是提高供需效率，降低生活成本。

目前，提及分享经济，人们率先想到的都是 Uber、滴滴等平台作用下形成的交通共享。在这些平台上，注册之后就能进入共享交通，成为兼职司机中的一员。从司机的角度来说，车和驾驶技术就是资源，通过共享获取报酬；从乘客的角度来说，通过这种方式，不仅享受了共享交通带来的便利，还减少了乘车费用。因此，分享经济实现了资源的优化配置。分享经济正是基于这一优点，才会在世界范围内备受推崇。

随着农业电商的发展，物流、金融等也会进入分享经济领域，尤其是对于农业发展来说最关键的物流，进入分享经济领域的意义十分重大。农业 O2O 电商发展的关键问题就是如何帮助线下货主在线上找到合适的车辆，如何帮助线下车主在线上找到合适的货源。在农业物流进入分享经济之后，这两个问题就能迎刃而解了。

那么农业物流进入分享经济要面临哪些困难呢？对于这个问题，我们以分享经济的三大主体为切入点来展开分析，这三大主体分别是供给方、需求方和分享经济平台。

（1）农业物流供给方：车主

很多物流企业都有自己的车队，他们在运输农产品的过程中经常面临诸多难题：

> ★农产品的运输总量达不到一定的规模，运输一次农产品能获得的收益往往不足基本的运输费用，导致多次亏损；
>
> ★车主接到订单之后将货物运送过去，返程的时候往往是空车，也无法获得较好的收益；
>
> ★很多车主很长时间都接不到一个订单，车队长期处于闲置状态，在等待的过程中依然会产生一些费用，如司机的工资开支等，容易造成亏损。

（2）农业物流需求方：货主

农产品外销需要车辆运输，但是很多时候，货主往往找不到合适的车辆，即便是找到了车辆，也要承担很大的风险，例如，车辆不能按时到达，使得农产品在运输途中损耗严重；运输费用高；运输途中的突发意外状况得不到及时解决等。这些情况都有可能给货主造成巨大的损失。

（3）分享经济平台

农产品在物流环节面临的诸多问题，在农业物流分享经济平台上都能得到很好的解决。分享经济平台在供给方和需求方之间架构了一座桥梁，通过资源共享，提升了交易效率，降低了交易成本。

> 在Uber、滴滴打车等平台成功运营的鼓励下，很多农业电商平台开始尝试构建物流共享平台，以深圳的"农速通"APP为代表，这是一个专门为农产品物流问题提供解决方案的平台。它对武汉、黄石、开封、

徐州、洛阳、淮州等城市的十几家农产品物流资源进行了整合，开通了多条物流专线。货主可以在这个平台上发布信息，平台会对同一条线路上的物资进行整合达到车辆的运载额，帮助货主降低运输成本；同时，平台还能帮助车主对最优运力进行规划设置，帮助车主解决空车回程问题，帮助车主实现盈利增收。

农业物流分享经济平台的构建，通过物流信息的共享，使货物、车辆等资源获得最优配置，不仅提升了物流效率，降低了物流成本，还增加了车主的收益，可谓一举三得。

07　农速通 APP：农业物流的变革者

农业作为推动我国经济发展的一大重要力量，农业物流配送严重滞后，不仅降低了农产品的市场竞争力，更造成了严重的资源浪费，农业物流问题已经成为我国亟须解决的一大痛点。分享经济在出行、酒店、医疗及教育等行业爆发出的强大能量，吸引了社会各界的广泛关注，农业领域内的一批先行者也尝试将分享经济引入农业物流领域。

当然，也有部分人士对于将分享经济应用至农业物流领域提出了质疑。要回答农业领域是否适用分享经济问题，我们首先需要了解发展分享经济本身需要的几种先行条件：

★需要具备足够的闲置社会资源；

★闲置资源可以被互联网平台等工具有效整合，并且具备较强的流通性；

★借助互联网平台可以让具备闲置资源的生产者与消费者得以低成本、高效率地进行匹配。

近年来，除了气候变化、肥料及设备成本上涨等因素，高昂的物流成本也是造成菜价大幅度上升的一个重要因素。而目前农产品物流成本高居不下的原因主要包括以下几个方面。

★供需信息不匹配，运力资源与货物之间的信息流通受阻，"司机找不到货主，货主找不到司机"问题十分突出，导致农产品运输效率不高、损耗严重，司机收入也得不到充分保障。

★运力资源配置不完善，很多个体或企业对运输过程中的首程路线及货物等进行了规划设计，但对返程的设计规划却缺乏足够的重视。

★中间环节过多，货主与司机之间没有实现无缝对接，经过多个环节的层层加价后，运输成本大幅度上涨，而且环节过多也会降低运输效率，给农产品带来众多不必要的损耗。

不难发现，农产品物流成本较高的前两个因素，很大程度上是由于车货不匹配造成的，货主找车难，车主找货也难。而第三个因素则是物流流程为实现优化调整，出现了过多的流通环节，导致价格上涨的同时，农产品的损耗也十分严重，从而使农产品物流整体成本大幅度增加。

如果将分享经济的先行条件与造成农业物流成本高居不下的因素进行对比，我们可以发现分享经济能够很好地解决农业物流的问题。那么，分享经济的应用又将给农业物流带来怎样的变革呢？

从出租车行业来看，私家车生命周期内95%的时间都处于闲置状态，在汽车资源出现闲置的同时，人们出行难、打车贵等问题也十分突出。而借助 Uber、滴滴等互联网出行平台，拥有闲置资源的私家车主可以将汽车的使用权和其他人共享，并从中获取可观的收益。分享经济的高效率及低成本特征，不但进一步提升了人们的消费需求，还让大量闲置的社会资源得到高效利用。

解决农业物流出现的产能过剩问题，最关键的在于充分利用行业的闲置资源，推动市场数据化，构建综合服务型平台，在提升农产品流通效率的同时，有效降低农产品的流通成本，从而充分带动产业升级。

> 谷登科技作为将分享经济应用到农产品物流领域的先行者，通过打造专业的农产品物流平台应用产品"农速通"（如图 1-6 所示），意欲打破限制农产品物流发展的诸多阻碍。货主、车主及物流买家都可以通过该平台实现无缝对接，充分保证农产品的快速高效流通。
>
> 和物流平台不同的是，"农速通"的定位并非是简单的物流产品，它是将入驻平台的农贸批发市场作为中心，并将这些农贸批发市场组成一个庞大的农产交易网络，拓展线上及线下业务。
>
> "农速通"对我国农业发展的最重要的意义在于，它整合了国内农贸批发市场周边的物流配送资源，在满足线下市场配送业务的同时，更积极满足线上物流配送需求，这对我国各大企业探索分享经济在农产品物流领域的应用具有十分重要的指导意义。

图 1-6　"农速通"货主版示例

虽然农业物流仅作为"互联网 +"向农业领域拓展的很小一个环节，但足以引发整个农业的深层次变革，而且其发展经验完全可以应用到农业的其他环节，这必将给我国传统农业的转型升级及供给侧结构性改革注入活力及动力。

在分享经济向各行业不断渗透的背景下，希望能有越来越多的时代弄潮儿积极投身农业领域，让农产品供需能够实现高效匹配，真正为人们谋福利，不辜负互联网时代为个体及企业创造的前所未有的重大发展机遇，而不是跟风般地进入到那些所谓的"热门市场"，利用模式红利吸引投资者，进而掀起一场烧钱大战。

第 2 章

平台战略：
供给侧改革下的农业发展新路径

01 平台战略与农业供给侧改革

在经济新常态下，我国农业产业一方面在农产品价格上遇到"天花板"瓶颈，另一方面农业生产成本即"地板"又被不断抬升，农业供给侧结构性矛盾全面爆发。农业供给侧结构性改革已成为解决当前我国农业发展难题的首要选择，也是实现农业现代化的必然要求。

2016 年，中央"一号文件"《关于落实发展新理念加快农业现代化实现全面小康目标的若干意见》指出，推进农业供给侧结构性改革，需要颠覆传统农业产业发展思路和模式，以"创新、协调、绿色、开放、共享"五大发展新理念破解当前我国农业产业瓶颈，创新农业发展模式。

在"互联网 +"对各个行业的生产方式、经营模式、商业形态等进行全方位变革重塑的大环境下，不论是五大新理念的运用还是农业发展模式的创新，都无法绕过"互联网 +"。从当下来看，以产业链整合优化和资源开放共享为主要特质的平台化战略，已成为农业发展模式创新的重要方向。

◆消费需求变化推进产品生产模式创新

当前我国农业产业最突出的问题是供需两端出现结构性失衡，供需不匹配，生产的农产品不是真正符合市场需要的，"买难"和"卖难"并存。我国农业仍然秉持单纯追求规模和速度的生产模式，"刚性"需求主导了我国的农业发展方向。

结果，对农产品"N 连增"的追求和实现目标的成就感使我国农业对市场需求变化丧失了敏感性，也忽视了食品安全、品质、口味以及市场的多元化需求，最终导致低端和无效农产品被大量生产出来，而市场迫切需求的高品质产品却供不应求，农产品供需两端出现结构性失衡。

随着社会生活水平的不断提高，我国民众在农产品方面已不再单纯满足于"温饱"，而是有了更为多元、个性的"弹性"需求，也越来越关注农产品的安全、品质、口味等内容。由此，农业供给侧结构性改革的一个重要方向是农产品生产路径的创新，由以往的政府和农户主导转变成以市场为导向，根据消费者需求及时调整，优化农业生产和农产品结构，使农产品供给结构更具适应性和灵活性，提供符合消费者需求的丰富、多元、高品质的农产品。

◆科技创新促使供给侧要素使用模式创新

科技创新和应用有利于优化和改善农业供给侧中生产要素的使用模式。农业增长方式的合理性与效率高低在很大程度上依赖于生产要素的投入结构：**主要依靠物资资本、劳动力等要素投入和扩张的生产方式带来的只能是粗放型增长；而依靠供给侧要素优化组合与质量提升的生产形态，构建的则是高效合理的集约型增长模式。**

一方面，农业科技创新与应用虽已大大推进我国农业现代化的发展进程，但从整体来看，当前我国农业生产要素中，水、土地要素基本饱和，肥、药等要素已经出现使用过量的现象，而支撑现代农业形态的机械化、技术性要素则与发达国家仍有很大差距，是需要重点突破的环节。

另一方面，我国农业要素投入结构也呈现出"两个逆向变化"：剩余劳动力的退出与资本、技术等要素的进入不同步；高素质农业劳动力转移与新型经营主体的成长不同步。这导致我国农业转型升级中现代生产要素不能充分替换传统要素，农业生产要素的质量和组合效率没有实现根本性提升。

因此，农业供给侧结构性改革需要借助科技创新与应用，尽快推动我国农业发展模式由主要依靠物质要素投入转向依靠科技创新与进步。

◆ 竞争形态变化促使供给侧资源配置模式创新

农业整体供给体系的优化完善，不仅取决于生产质量和效率的提高，更要依靠农业全产业链整体效率的提升和各环节的协同发力，即农产品从田间到餐桌的全流程优化和各环节的有效配合。

然而，由于以往过于追求农产品特别是粮食的持续增收，我国的农业政策和资源要素投入多集中于生产环节，忽视了上下游环节的投入与整合，农业产业链中的科研、生产、加工、流通等环节无法协同发展，生产与消费不相匹配，供需结构严重失衡。

从当前来看，全球农业产业竞争已从单个产品、单一环节的竞争转向整体产业链的比拼。因此，在新常态下，我国农业供给侧结构性改革要创新资源配置模式，从"农业全产业链条"的高度将新增补贴和支持着重覆盖到生产前的农业科研与生产后的产品加工环节，以推进农业产业链不同环节的配合协同，保障农产品的数量、质量以及生态安全，最终增强我国农业体系的国际竞争力。

◆ 调控机制改革推进农业供给侧管理模式创新

政府宏观调控机制对我国农业产业发展影响重大。然而，作为一个人口众多、需求巨大、区域差异显著的农业大国，我国农业发展尚未建立起宏观调控与市场调控有机结合的管理模式，特别是宏观调控中的政府行为缺乏规范化、机制化，无法与市场经济的发展需要相适应。

例如，政府越位与错位现象层出不穷，一些政策缺乏持续性和稳定性，影响了农业市场的良性有序运作，也造成生产要素的不合理流动和错配，导致农业生产出现一系列的结构性问题和矛盾。

因此，在新常态下，农业供给侧结构性改革的一个重要内容是进行农业管理模式创新，改变宏观调控机制化建设滞后的现状，打造政府宏观调控与市场自主调节有机融合的平台管理模式。

从平台战略的角度来看，农业供给侧结构性改革的关键是减少政府干预，深度激发各类农业经营主体的积极性、主动性和创造性；建立以农户家庭经营为基础，以合作协同为纽带，以社会化服务为支撑的现代农业经营系统；将更多资源与政策支持倾向涉农生产服务领域，实现农业生产服务资源的有机整合与高效协同，使涉农生产服务业成为农业供给侧结构性改革的主要驱动力量。

02 全产业链闭合平台运作模式

"农业全产业链闭合平台"是一种创新性的农业生产经营管理形态。简单来看，这一运作模式以整合产业链上游生产资源为突破口，以农产品供应链平台企业为龙头，以在产业链不同环节间建立的需求信息和生产标准为纽带，围绕平台企业实现全产业链中科技、物流、金融、零售、政策等各类资源的有机整合与高效利用，打造农业产业链的价值闭环，实现对各类参与者的整体开发和全面服务，从而保障农业经营中生产链、资金链和产品链的安全，增强农业产业体系的整体竞争力和创造力。

◆产业链闭合平台体系

全产业链闭合平台包括三大体系，如图2-1所示。

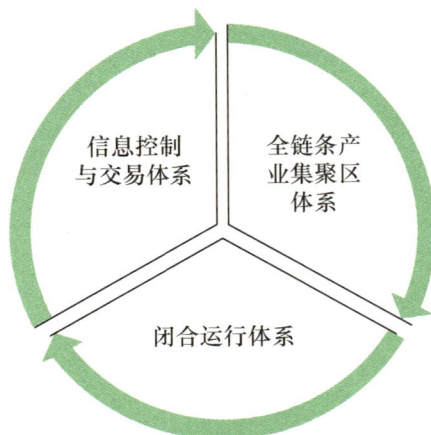

图2-1 全产业链闭合平台

（1）全链条产业集聚区体系

即通过农产品生产、加工贮藏、物流配送、市场营销等环节的标准化建设，实现生产、加工、销售的无缝衔接和全链条流程的贯通。

（2）闭合运行体系

即以全产业链条中的垂直细分内容为单元进行的系统内部封闭运行，如原材料采购、产品研发、生产加工、包装销售等。

（3）信息控制与交易体系

即通过营销交易链的优化改造和农产品品牌建设，构建从原料生产到产品加工再到终端销售全流程的信息化、可视化、可追溯机制，实现农业经营效益的最大化。

◆全产业链闭合平台运作模式

具体来看，全产业链闭合平台运作模式包括以下4点。

（1）政企合作的全产业链集聚发展

政府与企业合作成立平台企业，将整个农业产业链中的生产企业、生产配套企业、农产品加工企业等聚合到平台中。平台则会通过内部统筹协调，为这些企业在生产、融资、保险、产品认证检测、政府补贴申请等诸多方面提供有力支持与优质服务，实现优化整合与协同发展，形成平台中生产供应这个"边"。同时，生产供应方要接受平台企业在生产环节与产品质量方面的监管，并借助物联网实现透明化生产，接受消费者的监督。

除了生产供应这个"边"，平台企业还要搭建另一个"边"，即终端消费者群体。这样，平台企业不仅可以直接将农产品推送到消费者面前，充分满足人们对安全、优质食品的需求，还能获取消费者对食品需求的更多信息，并及时反馈给生产供应方，帮助农业生产经营企业制订更加符合市场需求的新生产计划，从而实现农产品市场供需两端的高效匹配与对接。

最后，当这种聚集发展模式为农业生产经营企业和农产品消费者创造出更多价值时，便会在平台两"边"不断吸引更多的参与者，获得更大的集聚效应，进而推动农业全产业链的现代化转型升级，打造合理高效、安全优质的农产品供给体系。

（2）政府、平台企业、基地三者联合的全产业链服务

即政府与社会资本合作组建的平台企业，通过整合转化为农业产业链各环节的服务者，为产业链中的生产供给企业提供现代化、专业化和规模化的生产服务支持。

简单来看，这对过去分散的以农户家庭为单元的生产形态进行了规模化生产指导和投入，可以实现生产规模和水平的大幅提升，以便符合平台企业要求，成为直接与平台企业对接的农产品生产供应基地。

在这种"政府 + 平台企业 + 基地"的全产业链服务模式中，一方面政府服务部门与平台企业要共同为平台中的农户提供各类产前服务，如种子和苗木等研发与农资供给、农业生产机械供给、提供市场信息以及帮助农户进行市场定位和产品生产规划等；另一方面，平台企业还要对平台中的农户与企业在农业产业链中各环节的运作进行严格监督，包括田间管理、标准执行、物资运输等生产服务环节以及农产品的加工、流通、消费等产后服务环节。

（3）平台、企业、农产品三者联合的母子品牌营销

即平台企业首先培育和打造一个高知名度和美誉度的品牌作为母品牌，由平台企业的自建企业使用，并严格把控使用这一品牌的企业和产品，保证品牌声望。对于参与到平台中的其他企业，则要基于它们在农业整体产业链中的具体位置分别打造不同的品牌群落，如主导产业品牌群落、支持性产业品牌群落、辅助性产业品牌群落、特色产品品牌群落等。而平台企业之前培育和推广的母品牌，则在品牌群落营销过程中起着信任背书的功能。

（4）平台主导型的全产业链融资

即以政府和平台企业为依托，以农业产业聚集区为对象，以满足农业产业链资金循环需求为目标的创新性农业金融服务。在这一服务模式中，平台企业与政府居于核心位置，其中平台企业是主导，政府则主要以自身的出资行为为平台企业"站队"，提高其可信度。

简单来看，这种融资方式中平台企业自己先融资，然后放贷给平台内部的企业和农户，或者通过为他们提供贷款担保的方式满足农业产业链的资金需求。不过，两种方式的具体操作流程都是金融机构先将资金打入平台企业账户，然后平台企业再向平台内的农户或企业分配资金额度。

03 如何构建全产业链闭合平台

◆ 全产业链闭合平台战略的优势

全产业链闭合平台战略的优势主要体现在以下几方面，如图 2-2 所示。

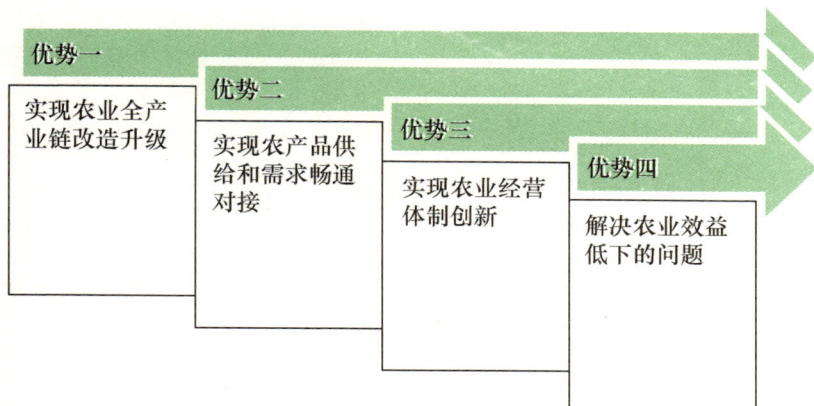

图 2-2 全产业链闭合平台战略的优势

（1）实现农业全产业链改造升级

当前我国农业发展面临诸多结构性难题，需要通过网、云、端、大数据、物联网等新一代信息技术在农村、农民和农业生产方面的全方位渗透融合，建立农业全产业链平台企业，通过全产业链闭合平台战略推进农业供给侧结构性改革和整体产业系统的优化升级，最终实现农业增效、农民增收的发展目标。

（2）实现农产品供给和需求畅通对接

农产品供给结构严重错位和失衡是制约我国农业发展的重要方面，而农业全产业链闭合平台战略则借助互联网的开放、共享与连接思维，能实现农产品供给端与需求端的高效匹配与畅通对接。

该闭环平台一边连接着生产供应环节，通过对科技、农资、物流、金融、零售、政策等各种涉农生产服务资源的优化整合，构建出强有力的产业发展引擎，借助闭合运营的方式实现对农业产业链参与者的整体开发和全方位服务，从而保证生产链、资金流与产品链的安全、优质。

闭环平台的另一边则连接着终端消费者，通过向生产供应方及时反馈市场变化和需求信息，以及帮助他们制订更合理的产品计划，实现农产品生产供给与消费需求的畅通对接。

（3）实现农业经营体制创新

闭合平台战略是基于互联网思维，以极具生命力和创造力的平台经济模式为载体，通过涉农服务业能力和水平的提升推进传统农业的现代化、信息化、网络化转型升级；有助于创新农业经营体制，构建出更符合我国国情与未来发展趋势的现代农业经营体制。

闭合平台战略能够在现有农业政策框架下实现农业全产业链的横向与纵向整合，能够兼顾市场效率和社会公正、经济增长与社会稳定，是一种融合了创新性、前瞻性、时代性、实用性、开放性等多种基因特质的农业经营体制创新形态。

（4）解决农业效益低下的问题

与发达国家相比，我国农业整体效益十分低下，而平台战略正是解决这一难题的最佳路径，通过以下几条措施，构建需求导向的农业生产创新机制，实现农产品的优质优价。

★通过整合涉农生产服务资源，打造标准化、生态化生产体系，以及完善农业产业规划等多种手段，实现农产品质量的大幅提高。

★通过契约、物联网等手段对农产品生产、加工、运输、销售进行全流程可视化监控和闭环运行，保障产品品质。

★通过对农业全产业链条不同环节的优化整合，大幅缩减中间环节，降低整体成本。

★通过强化产品营销体系，构建短链营销和体验消费形态，进而带动上游生产供应环节的优化和终端消费者的认同。

★通过品牌共创和资源共享机制，塑造产品形象，提升产品影响力，从而获取品牌溢价，提高产业效益。

◆推进全产业链闭合平台战略的对策建议

（1）加快平台企业信息化基础设施建设

加快推进宽带"村村通工程"，投入更多资源研发和推广契合农村特质的低成本智能终端；借助"互联网＋"构建并不断完善物联网信息管理体系，打造农产品安全追溯网络与终端查询系统；加快建立国家农业大数据研究与应用中心，借助大数据、云计算等新型互联网信息技术推动农业全产业链闭合平台战略的落地和优化。

（2）建立平台企业管理新模式

将平台企业打造为涉农生产服务资源的综合平台，借助强大的平台引擎系统不断开拓整合上下游产业终端资源；实现农业全产业链各环节运作的有机整合与无缝衔接，从整体上保障农产品的质量与安全；通过产业优化和效益提升，构建高效合理的良性商业模式，实现平台两"边"规模的不断扩张，获得更大的集聚效应，进而带动整体农业产业的转型升级。

（3）建立农产品质量安全监管体系

在政府方面，以平台企业为依托，构建农产品质量安全全程监管组织架构，依法加强农产品生产监管；在平台方面，构建农产品产地质量证明和安全追溯机制，建立并不断完善农产品质量安全信息追溯体系；建立生产主体自检、平台企业抽检、政府第三方抽检等多重质量检测与安全监管机制，最大限度地保障农产品安全。

（4）强力推行农业标准化生产

构建农业标准化生产服务体系，制定和推广简单、明确、易懂的标准化生产技术操作规程；积极打造农业生产标准化示范区、园艺作物标准园、畜禽标准化示范场、水产养殖示范场等涉农标准化生产基地，实现生产设施、生产过程与产品的标准化；以五大发展理念规范涉农生产服务行为，大力支持和推广清洁生产技术、循环生态农业，减少产品农药残留，净化农业产地环境，打造绿色、生态、可持续发展的农业形态。

（5）拓展平台企业多种功能，促进产业融合

不断挖掘拓展平台企业功能，以平台企业为依托统筹规划，实现农业生产、农产品加工流通、农业休闲旅游、教育、文化、健康养老等多种产业融合发展；完善涉农配套公共设施建设，提升农业从业人员能力和素养，积极推进农业与农村生活体验活动、农事景观设计、乡土文化开发等涉农

休闲旅游内容，增强服务水平；保持乡村环境与风貌，加大力度保护农业文化遗产，重点建设和开发一批具有历史、地域和民族特质的特色旅游村镇，大力发展休闲农业和乡村旅游，提高农业在线营销能力。

（6）加强农业科技创新工作

科教兴农，积极推进现代农业产业科技创新中心的建设，实施农业科技的创新重点、专项和工程，大力扶持生物育种、生物防治、农业污染治理、智能农业、生态环保等关键技术领域的研发工作；借助农业全产业链闭合平台的规模效应，全面分析农业生产、加工、流通、销售等各环节的科技诉求，推动相关科研机构和大专院校据此进行科技研发、推广应用与业务培训，从而围绕平台模式构建现代农业科技研发推广体系。

04 农村淘宝与京东农村战略比较

自电商火爆以来，各大电商平台就在想方设法地向农村地区渗透。近年来受国家政策的影响，我国农村地区电商的出现如雨后春笋，但是发展情形却不容乐观。那么，农村地区的电商要如何发展呢？

近年来，电子商务发展形势一片大好，为拉动农村地区经济发展，政府颁布了一系列关于推动农村电商发展的政策。其中，2015 年 11 月印发的《关于促进农村电子商务加快发展的指导意见》更是制定了 7 项措施助力农村电商的发展。

在各项政策的扶持下，不仅邮政等国家企业加入农村电商市场的争夺战中，以淘宝、京东为代表的各大电商平台也纷纷制定了农村电商发展战略，积极抢占市场，乐村淘、赶街这样的草根企业也加入了混战。截至 2015 年，我国农村电商服务网点数量超过 25 万个，覆盖的县域数量多达 1000 个。

农村的电子商务有了起色，但是其市场格局却愈发混乱，竞争也愈发激烈。在这样的形势下，以农村电商的发展现状和发展规律为依据，对它的发展模式进行梳理是非常必要的。

目前，农村电商非常典型的发展模式有五种，分别是淘宝、京东、乐村淘、淘实惠和遂昌模式。其中遂昌模式的发展时间最早，而其他四个的发展时间大概都在 2014 年左右。经过几年的发展，不同发展模式也呈现出了不同的发展状况。

下面就对其发展模式进行详细分析，对其发展问题进行归纳和总结。

◆农村淘宝模式

2014 年，阿里巴巴上市之后启动了千县万村计划，将淘宝平台引入农村市场，农村淘宝就是在这个计划中产生的，其模式有些类似于早期的遂昌模式，具体做法如下。

★首先，在县域层面上，淘宝积极与地方政府合作，建立公共服务中心，其主要任务是做好农村淘宝平台的管理工作，积极拓展业务，招募合伙人并对其进行考核和培训；地方政府则主要负责为其提供宣传、培训等方面的支持。

★其次，在村级层面上，农村淘宝积极建立服务站点，做好快递的收发工作，站点负责人通过每单的提成获利。

★最后，农村淘宝的合伙人还有一个重要的任务：将农村特产放在淘宝平台上进行售卖。

通过这样的做法，我们能非常清晰地感知到淘宝的目的：依托阿里巴巴的体系优势，借助天猫和淘宝的平台，在城乡之间搭建一个桥梁，实现工业品和农产品的互通，农产品上行进入城市，工业品下行进入农村。这种想法很好，但真正实施起来却遭遇了重重阻碍。

阿里的电商平台在城市运作多年，其生态链已经十分完善了。但是如果就这样贸然地进入农村市场，必将给农村市场带来一系列不良影响。

首先，会打破农村市场原有的平衡，给农村市场上的当地商家造成巨大的冲击。当地商家原本就势单力薄，面对阿里的层层逼近简直毫无招架之力。

其次，农村淘宝平台进入当地市场，交易场所从本地市场转移到了网上平台，必会给当地的实体商贸流通体系造成冲击。同时，当地的 GDP 和税收被淘宝平台吸收走了，税收收入就少了，地区差异会更加严重。

最后，目前农村淘宝在县域的生存和发展是依赖县域"小二"和村淘合伙人来维持的，在这种发展模式下，农产品的上行体系是很难在短时间内形成的。农产品不能顺畅地销售到城市，村淘的合伙人难以获得收入，仅靠收发快递的提成或者代购佣金是难以维持生存的。在这样的情况下，村淘合伙人流失严重，农村淘宝难以为继。目前，村淘点希望增加其他的业务来维持生存，但这种尝试才刚刚开始，效果如何还有待观察。

虽然目前农村淘宝在生存和发展方面面临着种种问题，但是它的出现对农村电商发展的助推作用是不容忽视的。

◆京东农村模式

相较于农村淘宝模式来说，京东在发展农村电商方面有着独特的优势：京东有自己的物流系统，这在深入农村发展方面独具优势。借助这种优势，京东采取了"双线发展＋渠道下沉"的策略来发展农村电商，如图 2-3 所示。

图 2-3　京东农村电商模式的两大策略

（1）双线发展

京东在发展县级服务中心的同时还发展了一个名为京东帮服务站的项目，两个项目齐头并进，这就是京东的双线发展策略。

京东县级服务中心是以京东原有的配送站为基础改建的，其经营模式主要是京东自营，负责除大家电之外的其他商品的展销及配送。同时还兼具招募乡村推广员的任务，从下面的乡镇招募合适的人员对其进行培训，以扩大京东在农村电商市场中的份额。

京东帮服务站的运营模式则是加盟合作，其主要业务是负责大家电的展销及配送，弥补了京东县级服务中心业务上的不足，两者互为补充，共同开拓农村市场。

（2）渠道下沉

渠道下沉这一战略是针对家电下乡制定的。京东希望借助双线发展的渠道优势及正品行货的优势，打通农村的 4 ~ 6 级市场，让村里人和城里人一样享受高品质的消费，真正地让家电下乡，让家电进入农村市场。

除家电和各类产品下行到农村之外，京东也致力于为农产品的上行服务。京东借助其自营平台和自建物流的优势，举办各种区域农产品购物节等活动，通过众筹等方法，疏通农产品的上行渠道，推动农产品上行到城市。京东在这方面做出了诸多努力，取得了很好的成绩。

> 2014 年 5 月，京东包下海南文昌的 2000 亩荔枝园，通过京东自营平台进行促销，并借助其独有的物流优势，将其空运到其他城市，在 48 小时内将荔枝送到了消费者的手中。
>
> 2015 年 5 月，京东借助其平台优势帮四川仁寿县的农户将 21 万亩枇杷销往全国，销量超过 6.2 万吨，销售额达 3.7 亿元，成功地帮助仁寿枇杷打开了国内市场。

总而言之，京东模式的特点就是借助独有的自营平台和物流体系优势，使京东县级服务中心和京东帮服务站齐头并进，扩大了其在村级市场的覆盖范围，并解决了产品的售后服务问题。同时，将原有的渠道下沉，借助正品行货的优势，逐步攻占农村消费市场。

目前，所有的农村电商模式都是不完善的，都存在缺陷，京东也一样。

京东模式最大的缺陷在于：农产品上行比例和工业品下行比例失衡。面对这样的问题，京东最应该考虑的是如何借助其采购优势，将其采购链和农村的产业链融合在一起，切实推动农产品上行，真正地改善农村居民的生活水平。

05 模式之争：谁将主导农村电商

◆乐村淘模式

乐村淘创办之初的定位就非常明确：要在城市供应商和村镇零售商之间搭建一条距离最短的高速公路，将城市中的商品、服务和信息以最快的速度输送到农村，再将农村的农产品、信息和劳动力输送到城市，如图 2-4 所示。简单来说，乐村淘的这种模式就是双向 O2O 模式。

图 2-4　乐村淘平台

乐村淘希望借助这种 O2O 模式，完善农村基层设施建设，优化农产品结构，构建一个闭合的涵盖商流、物流、信息流和现金流等元素的循环系统。其具体运营模式如下。

乐村淘在省级范围内招募加盟商，同时在村镇中整合各零售网点，借助电商平台和村镇中加盟的实体店将城市中的工业品销售到农村，让老百姓购买到实惠、安全的商品。同时，借助乐村淘的电商平台，农民也可以将农产品销往城市。平台对农产品的销售情况进行汇总，农民可以根据这个汇总结果了解城市消费人群的喜好，有针对性地进行种植，以增加订单，提高收入水平。

乐村淘推行"六位一体"战略（农村消费数据库、农村消费顾问、村级体验店、电子商务平台、镇级物流体系、县级管理中心）和"乐6集"销售模式（让农民逢 6 赶集，集中下单），以此达到快速切入农村销售市场的目的。同时，在每一个县域建立"乐淘特色馆"，把本地特色产品进行互联网化包装，实现农产品的上行。

与农村淘宝和京东相比，乐村淘的这种模式更具有乡土气息。但是因为各地加盟商众多且运营情况不一，使得平台难以得到统一的管理，这对于乐村淘来说是最大的难题。

◆ 淘实惠模式

2013 年 5 月，淘实惠总部在深圳成立，其运营理念是将数据、人才和GDP 留在县域，并将其与外部连接，构建一个自循环的小系统，并以此为基础，构建一个全国性的生态大系统，如图 2-5 所示。历经几年的发展，淘实惠在各个县域设立了分部。

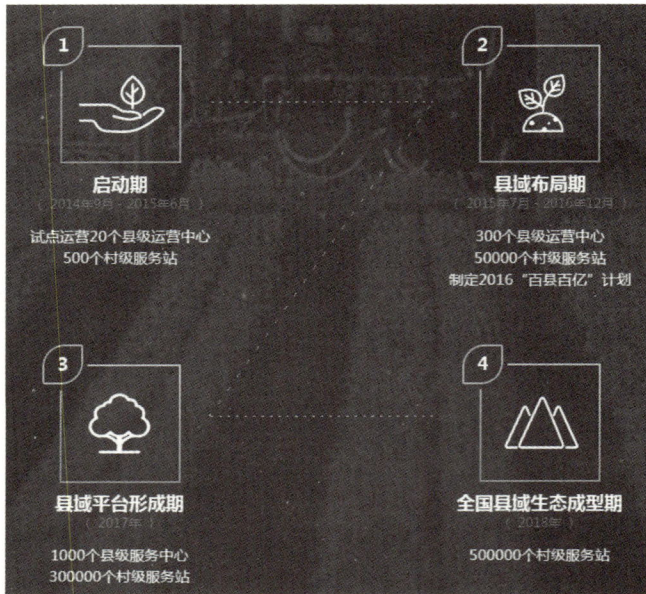

图 2-5　淘实惠的发展目标

其中，总部的主要任务是：开发信息系统、对相关人员进行业务指导和培训、招募县域合伙人、对信息进行汇总。县域分部的主要任务是：对各网点进行拓展和培训、为其提供仓储物流服务、对区域平台进行维护。淘实惠总部和分部的地位是平等的，二者之间是一种合作关系，各县域分部的人员、财产等问题不需要上报总部，自行解决即可，同样，也是自负盈亏的。

在县域层面上，淘实惠的主要任务是构建本地化的电商平台。何为本地化？**本地化的意思就是在县域层面上，借助互联网以本地流通体系为核心构建电商生态系统，帮助本地的流通业态借助信息化实现转型升级，优先满足县域内部的各种需求。从本质上来讲，县域互联网的自生态系统就是一种资源配置模式，该模式具有去中心化的特点。**

什么是去中心化？从整体上来看，淘实惠在县域层面上的合伙人大多是当地的商贸企业，这些企业在当地深耕多年，无论是在人力上，还是在物力上都不需要依附淘实惠总部生存。对经营过程中出现的任何问题，他们都能自我决断。对各个县域的淘实惠而言，除了数据需要交由淘实惠总部汇总之外，其他的任何决策都不需要依赖总部进行。换句话说就是，他们之间不存在一个中心的决策主体。这就是淘实惠的去中心化。

另外，淘实惠在各县域招募合伙人，将其分部下设在各个县域，并通过特定的方式将这些县域的合伙企业连接起来。各个县域的农产品可以借助这种连接渠道在全国的供应链中流通，信息也可以借助这种渠道实现共享，同时还可以实现资金的实时结算。通过这种方式，各个县域连接在了一起，信息、商品、资金实现了自由流通。由此，淘实惠构建了一个全国性的流通系统。

淘实惠作为一个兴起时间较短、本地化色彩浓厚的电商平台，有其优势，也有其劣势。

> ★优势：作为一个本地化色彩浓厚的电商平台，它对本地的各种资源进行了整合，对电商平台进行划分，将其分割成了许多县域层面上的小平台，并将这些小平台与本地的商贸流通体系进行了整合，推动了农产品的上行发展。
>
> ★劣势：首先，因为淘实惠的兴起时间较晚，其业务结构尚在完善过程中；其次，县域的合作伙伴众多，在合作机制、利益机制、业务协调方面存在诸多问题，解决这些问题面临着较大的困难。

◆ 遂昌模式

遂昌模式是最早诞生的农村电商模式，其核心是以本地综合服务商为主体带动县域电子商务生态的发展，推动本地农产品和特色产品的上行发展。农村淘宝模式在一开始就是借鉴这种模式发展起来的，从整体上来看，遂昌模式大致可以分为以下三部分。

> ★赶街公司，主要任务是推动工业品下行流通到农村，为村民提供

工业品代购、本地生活服务等业务。

★遂网公司，主要任务是推动农产品上行流通到城市，负责搭建农产品上行流通的供应链和营销体系。

★遂昌网店协会，主要任务是孵化农村电商，并为其提供宣传服务，负责对那些参与农村电商的人员进行培训。

在遂昌模式中，最为引人注意的一点就是它以当地的农产品为中心，构建了一种较为先进的农产品电商供应链支撑体系，该体系的深化程度远远超出了京东、农村淘宝等平台，有力地推动了农村电商的发展。

遂昌模式发展最早，为很多人所借鉴，但其中也存在一些问题：受到本身产业基础的制约，加之主运营商缺乏竞争实力，使得其在模式复制方面受到了很大的制约。为了解决这个问题，遂昌模式的相关人员依据其对农村电商的理解，将其运营模式朝着移动化、本地化、社群化和服务化的方向推移，这个探索对于农村电商的发展来说具有十分重要的意义。

06 农村电商平台如何实现本地化

◆工业品下行与农产品上行问题

从整体来看，目前这几种典型的农村电商模式都有一个共同点：工业品下行模式较为成熟，比较顺畅；农产品上行模式仍处于摸索阶段，面临重重困难。形成这种特点的原因主要有以下三点。

第一，受农产品本身种类多样化，难以实现标准化生产等特点的影响，很难形成一套具有普遍适用性的农产品上行方法。

第二，受我国农村数量庞大以及各地区自然条件、经济条件、人文条件不一的影响，很难形成一个成熟的模式推动农产品上行发展。

第三，农产品上行发展需要一套完整的服务体系，这个服务体系需要汇集产品质量控制、产品营销和物流等多方面的服务。该体系的形成需要各主体的协调配合，但是目前在各电商参与主体之间并没有形成这一协调配合的机制。

受上述三方面原因的影响，目前农村的电商模式有一个普遍现象：覆盖深度和广度具有负相关性。也就是说，**如果企业集中人力和物力追求农村电商覆盖的广度，在深入发展方面就会出现问题；如果企业集中人力和物力在某一领域深入挖掘，其覆盖广度就会受到影响。**

因此，对于所有的电商企业来说，**现在最重要的任务就是在覆盖的广度和深度之间找到一种平衡点，然后再依据企业战略对其侧重点进行调整，**在这里需要说明的一点是对企业来说，无论是广度覆盖还是深度覆盖，都没有好坏之分。只要符合自身的运营目标，无论何种选择都是正确的。

◆ 本地化发展问题

什么是本地化？具体来讲就是，**电商平台要和本地的市场环境相结合，融为一体，合力发展。**对于农村电商来说，本地化是一个非常关键的问题。

从微观的视角来看，在本地化中，最需要解决的一个问题就是电商平台和本地相关企业如何相处的问题。在本地化理念下，电商平台和本地相关企业不应该是相互竞争、你死我活的关系，而应该是互帮互助，共同发展。本地相关企业要帮助电商平台很好地融入本地市场，平台电商则要借助互联网优势帮助本地相关企业完成信息化转型。

从宏观的视角来看，电商平台要推动农村原有的商贸体系转型发展，推动当地经济发展。就这一点来说，一旦处理不当，很可能就会激化电商平台和本地相关企业之间的矛盾，得不偿失。但是从大的发展形势来看，本地化是农村电商发展的必行之举。当然，如何有效地实现本地化尚需探索。

贵州仁怀地区部分农村淘宝合伙人的行动就为电商的本地化发展提供了一个有益的思考。仁怀地区部分农村淘宝合伙人共同创建了一个电子商务公司，主要业务是包装、销售当地的特产，其销售渠道主要是淘宝和微信等平台，这一尝试取得了不错的成果：一方面增加了农村淘宝合伙人的收入，解决了其生存难题；另一方面为本地特产对外销售疏通了更多的渠道，帮助村民实现了营利增收。这种致力于农村电商发展的模式很有可能成为未来农村电商发展的主流。

农村地区的电商发展凭个人之力是难以完成的，它需要不同的主体协调配合。无论是农村淘宝，还是京东，抑或是乐村淘、淘实惠、遂昌模式，都呈现出了不同的特点。再加上邮政、供销等主体的加入，使得农村电商的发展情况更加复杂。在未来农村电商的发展中，这些主体如何协调、配合是最主要的问题。目前，部分地区已经开始了不同模式之间的融合，如浙江绍兴的"供销·淘实惠"模式，就是一次有效的探索。

从整体上来看，经过近几年的布局，我国农村电商市场的竞争和角逐会愈演愈烈。在这个时期，对各电商主体来说，最关键的事情就是处理好3个问题：其一，在覆盖深度和覆盖广度之间找到一个平衡点，以自身目标定位为核心，集中资源进行布局；其二，电商平台本土化，要与本地市场相融合，实现共同发展；其三，解决好各参与主体之间的关系，形成协调发展之势，以推动农村电商更好发展。

第 3 章

"互联网 +" :
开启中国农业转型升级之路

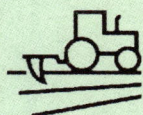

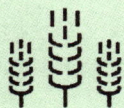

OI "互联网＋农业" 时代的平台战略

进入 "互联网＋" 时代以来，各行各业都在转型升级，农业也是如此。在互联网的推动下，我国农业正面临着从 2.0 时代向 3.0 时代的转型升级：在 2.0 时代，我国农业发展的特点是机械化、简便化；步入 3.0 时代之后，我国农业就要朝着智能化、精准化和定制化的方向发展了。

自古以来，农业就是安定天下、稳定民心的重要产业。新中国成立以来，农业更是被划归为第一产业，一直以来都备受关注。尤其是近年来，国家针对农业发展颁发了一系列文件。2015 年 2 月，中央发布的一号文件将农业的转型发展提升到了极其重要的位置。

在如今社会经济转型发展的大背景下，农业发展面临着资源过度开发、环境污染加重、生产成本持续增长等诸多困境。**为突破这些困境，使农业得以持续、更好地发展，就必须推动农业尽快地实现转型升级，摆脱现有的生产模式，提升生产效率，增加农民收入，帮助农民摆脱现有的弱势地位。**

近年来，在互联网基础上发展起来的信息经济，为我国经济的转型发展提供了新的助力，也为农业的转型发展提供了新的思路。李克强总理在 2015 年的工作报告中提出了"互联网 +"计划，霎时间，"互联网 +"的热潮席卷全国。

"互联网 + 金融""互联网 + 物流""互联网 + 营销""互联网 + 教育"等的出现，催生了一批现代产业与信息技术跨界、融合发展的新经济形态，拉动了我国经济的发展。如今，这种拉动作用已然延伸到了农业领域，开启了我国农业升级发展的新模式。

就产业政策而言，我国政府一直关注农村经济的发展及农村问题的解决，并出台了一系列支持农业电商平台建设的政策及文件，鼓励相关企业打造与农业产业发展相关的电商平台。事实上，在政府未出台明确支持性政策之前，具有敏锐洞察力的互联网行业就率先在农业领域展开布局，通过大数据、云计算等先进网络科技手段的应用，实现物流、金融等多种资源的集中，构建电商平台，帮助农业生产者与消费者之间进行有效沟通，促进农业产业的发展及整体运营效率的提高。

如果从互联网思维的角度出发来理解某个包含众多因素的传统领域，需要对该行业的产业链组成方式有总体的把握，明确各个参与主体的核心业务与它们的盈利渠道、成本消耗等。为了获得更加长远的发展，互联网平台的运营需突显自身区别于传统经销企业的优势方面。

在互联网环境下，很多产业都借助互联网实现了转型升级。互联网和农业的结合，也有效地推动了农业的转型升级，为其带来了很多积极影响，具体分析如下。

◆ 解决了涉农信息不对称问题

在传统农业生产的环境下，信息传递渠道较为单一，信息传递不对称，给农业生产造成了很多不良影响。

但是在"互联网 + 农业"时代，互联网和农业实现了优化整合，有效地拓宽了信息传播渠道，打破了时空限制，实现了信息的即时传播。如各种农产品需求信息、国家发布的相关农业政策、农业资源、农机服务、农业金融等信息，在传播的过程中如果出现不对称问题，就能借助互联网得以解决。

目前，"互联网＋农业"正在着力构建信息传递渠道，消除信息传递过程中的各种障碍，促使信息在农村的广泛传播，消除传播死角，提升农业生产的科学化水平，推动农业现代化发展。

◆ 创新了农业商业化模式

在"互联网＋农业"时代，依托互联网，土地流转、农资销售、农业金融等领域都有了很大的改变，催生出一种新型的农业商业化模式，如农资电商平台、土地流转电商平台、农产品电商平台等。这些电商平台的出现，使农业市场得到了细分，创造出了很多新型的市场主体，推动了农业经济的转型升级。

◆ 提升了农业生产效率

在"互联网＋农业"时代，在以互联网、大数据、物联网为代表的信息技术的作用下，传统农业生产方式正在朝着智能化的方向发展，农业生产效率得到了有效提升。如温室大棚智能监控系统、测控技术、智能化机械等的出现及应用，为农业生产节省了很多人力、物力，降低了农业生产成本，同时也提升了农产品的质量。

◆ 促进了农业资源的优化配置

互联网和农业有效结合之后，一切农业生产所需资源都能借助互联网实现优化配置。如近年来出现的淘宝村，就对农产品、消费者和生产者等生产要素进行了优化配置，创造了很多就业机会，促使很多劳动力重新回到了农村，不仅增加了农民收入，还提升了产品质量。

总而言之，"互联网＋农业"助推了农业发展，借助智能化、实时化、物联化等多元化的方法，实现了农业生产信息顺畅、广泛、无死角地流通，推动了农业生产模式的创新，推动了我国农业的转型升级。

02 "互联网 +"重构新兴农业组织

工业革命的开展极大地推动了经济领域的发展，也让经营者认识到，在企业运营及生产过程中，要注重技术的应用，并且要进行大范围、针对性的市场开拓。另外，大工业时代要求各产业在发展的过程中，不仅要明确分工，加强产业链各环节之间的配合，还要提升服务水平及质量。上述现象的出现，离不开产业本身在新时代下的快速崛起及迅猛发展，如图 3-1 所示。

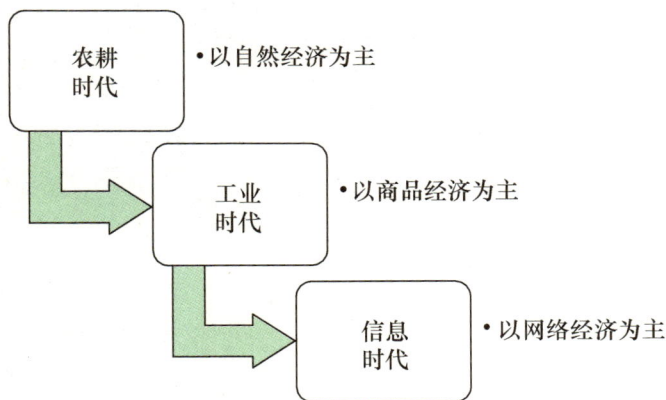

图 3-1 经济形态的变迁

如今，我国的农业产业也逐渐显露出迅速崛起的姿态。

◆ 迅速崛起的新兴农业市场主体

在很多情况下，产业资本能够率先察觉到具有广阔发展前景的领域。

联想集团作为世界范围内首屈一指的计算机生产厂商，早在 2010

年就在农业领域展开布局，联想旗下的现代农业板块公司"佳沃集团"创建于 2012 年，主要进行农业及食品领域的投资及业务经营。该企业采用全产业链业务模式，业务范围涵盖选种培育、规模化种植、农产品收获、冷链物流及产品营销在内的所有环节，该公司的奇异果种植在国内居于首位，其蓝莓品类的运营也在同类企业中处于优势地位。

不仅如此，佳沃集团还在葡萄酒、茶叶领域开展业务运营。值得关注的是，联想集团已将现代农业纳入核心业务的范畴，此外，联想以种植业为开端进行现代农业投资与布局的方式也为同类企业在该领域的发展开辟了全新的道路。

我国最大的通信设备上市公司"中兴通讯"也是这方面的典型代表，该公司参与到湖北农业领域的发展中，加大对粮食主产区的投资及开发力度，并建设粮油科技园，提高湖北农业发展的现代化水平，不断提高农业产业链的价值，争取自 2015 年起的 5 ~ 8 年内，使其总体价值突破 1000 亿元。

土地流转在更大范围内展开，农业生产及经营方式的改革也在进行中。在此期间，多种类型的农业生产主体迅速崛起。如截至 2014 年 12 月，河南焦作土地流转的总体规模超过 119 万亩，在该地区家庭承包耕地中的比重超过 51%，与此同时，焦作市拥有的农业合作社数量达 4300 多家，有 9.5 万农户成为农业合作社社员，受其运营及发展影响的农户数量超过 34 万。

从中能够看出，针对农业产业、农村经济的改革日益展开，随之而来的是农业加工企业的规模逐渐扩大，越来越多的创业企业进军该领域，同时吸引了大批投资者的关注，规模化农业耕种在多个地区得到实施，越来越多的新农人开始进行自主创业，各类农业市场主体迅速崛起。

◆ 不断兴起的新兴市场服务

从产业发展的角度来说，只有具备足够的服务能力，才能在市场上维持自己的生存及发展。在工业时代下，经营者多从产业供应链角度出发考虑问题，而今，农业领域在发展过程中也沿袭了这种思维方式。

立足于理论层面来分析，现代农业的供应链是依托网络技术建立起来的，将多元化渠道的信息集中到一个平台上，能够实现农业生产基地、农产品加工企业、制造商、存储中心、农产品供应企业、物流企业、配送站点、销售商家、生产者、消费者之间的有效贯通，**以供应商的农资运营为开端，以农产品消费为最终环节，不仅可以明确各个环节之间的分工，还能促使其运营效率的提高，加速传统农业的转型。**

> 江苏雨润集团与上百家生产厂家达成合作关系，利用它们的冷库储藏系统及其在多地的仓储中心建立起来的冷链物流体系，实现了全国各地的物流覆盖。通过科技手段的应用简化交易程序，保证产品的安全及质量，并实现了产品配送、包装及相关服务环节的现代化操作，加速整个农业产业的运转。

市场服务的改革与升级能够对其所属领域的发展起到极大的推动作用，处于重要节点上的服务创新能够提高市场的运营效率。

> 农产品信息商务平台"一亩田"推出中国农产品对标系统，开创了我国农产品分级的成熟模式，能够确立合理的农产品对价体系，如图 3-2 所示。借助网络平台的优势实现农产品信息的整合，可以提高农产品价格信息的开放程度，促进买卖双方之间的公平交易。
>
> 一亩田的农产品对标系统，能够全面呈现出所有农产品的产地、种植及管理方式、产品检测及规格、市场反馈情况、经营者资质等相关的信息内容，通过商家的信息提供、网络平

图 3-2　一亩田 APP

台的汇集、多渠道的共享等丰富平台的信息内容，方便使用者进行查询。对农产品本身而言，这些信息是其品牌在各个方面的具体体现，能够作用于产品最终的市场定价。

以山药这种产品为例，医药学名著《本草纲目》中对焦作温县的"铁棍山药"做了阐述，提高了该地此类产品的价值含量，因此，焦作温县山药产品的售价要普遍高于其他源产地的同类产品。另外，与高档酒店达成合作关系，负责其产品供应的农产品相比同类产品的价格会偏高。

从某种程度上来说，一亩田平台推出的农产品对标系统相当于包含各类信息的产品数据库，依托先进的网络技术把农产品生产、流通、交易过程中的各类信息、数据资源整合起来，建立起成熟的农产品分级机制，对农产品进行统一的层次划分，可以对其市场运营进行有效规范，也有利于促使高质量、优质品牌的农产品提高市场定价，要求农产品生产者及经营者在运营过程中更加注重产品质量及安全问题。

此外，以农业及农产品运营为核心发展而来的品牌打造、产品营销、产品配送、金融服务类企业的发展也进入上升时期。

◆ 不断出现的市场互融形态

值得关注的是，伴随着农业产业的快速发展：一方面，产业链不同环节的分工更加细致，无论是产品生产还是市场化运营，不同企业都有自己负责的事项，而且产业链各环节之间能够很好地配合；另一方面，产业发展过程中在很多方面都出现集中化运营趋势，能够提高整体运营效率及资源利用率，并催生出不同于传统模式下的组织形态及管理方式，推动整体产业的发展。

仍然以"一亩田"平台为例进行分析，该平台通过网络科技的应用，实现了新型供应链与电子商务的共同发展，不仅在线上平台进行交易撮合，还进行实体采购，自农产品生产开始，直至最后的消费环节，运用先进的信息技术及覆盖至整个生产及运营过程中的服务体系，实现产品生产、流通、金融、交易等的规模化运作。一亩田通过这种方式简化了交易流程，实现了市场资源的优化配置，利用大数据为各个环节的运营提供精准的信息参考。

不同业态之间的融合有可能更加适应外部市场环境。以新疆农产品电商"维吉达尼"为例，该平台是在援疆社工与志愿者的合作下建立的，以当地的特色农产品经营为其主导业务，如新疆的葡萄干、红枣、蜂蜜、石榴、干果等多类产品。

到 2016 年，与维吉达尼电商平台达成合作关系的农户接近 3000 户，不仅如此，该平台在运营的过程中推出独立品牌，还联手新疆的相关政府部门倡导发展生态农业，着重打造特色农产品，探索全新的发展模式。如今已无法采用以往的市场分工方式来分析该平台的业务运营。不同于传统模式，维吉达尼将品牌运营、标准化运营、系统化生产、多渠道共同推进的模式结合起来，是新兴农业组织的诞生及崛起的典型代表。

综上所述，无论是产业转型、新兴市场组织的诞生及崛起，还是新模式的开创，都能加速农业产业的运转，提升其供应链、市场化运转的效率。在信息技术、网络科技、规模化生产持续发展的今天，我国农业产业的现代化水平也在逐渐提高。

03 "大数据 + 农业"时代的产业链变革

近年来，大数据在出行、金融、电商等领域展现出了强大的能量。但事实上，其在信息化程度相对较低的农业领域同样有着十分广阔的应用前景。农业大数据涉及的领域十分广泛，包括农业产业链上游的种子、肥料、设备，与种植直接相关的气候、土地、农作物、牲畜、环境等数据，下游的农产品加工、营销推广、物流配送及农业金融等，都是农业大数据覆盖的范围。可以说，农业大数据将会使整个农业产业链产生深层次的变革。

农业大数据的覆盖范围如此之广泛，和农业本身兼具时间与空间属性具有密切的关联，这也决定了农业领域的价值创造需要同时兼顾时间与空间因素。大数据在农业领域的主要应用方向包括以下几个方面，如图 3-3 所示。

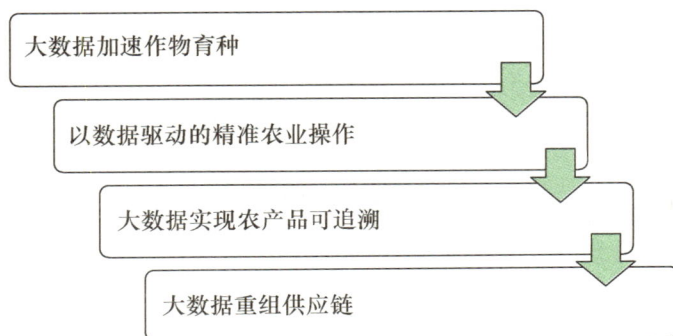

图 3-3　大数据在农业领域的应用

（1）大数据加速作物育种

传统农业生产过程中的育种环节需要耗费大量的时间及人力成本，一些相对特殊的品种甚至需要十几年的时间才能被研发出来。而大数据的应用为加快育种过程，并降低育种成本提供了有效途径。生物基因信息的爆发式增长为基因组织学取得重大突破提供了强有力的支撑。越来越多的模式生物的基因组排序数据被人类所掌握的同时，大量的实验型技术在互联网的支撑下能够被快速应用到实践中来。

以前研究人员进行生物调查时，通常会选择在各种条件可以实现精准控制的实验室或者是纯天然的自然环境中；如今，人们已经可以借助计算机建立的模型模拟农作物的生长，大量的基因数据也能够在云端被整合和创造，并通过假设验证、实验规划等方式探索新品种。在此基础上，研发人员只需要将少部分的农作物信息在农田环境中进行检验，从而极大地缩短育种进程，也能帮助人们完成一些以前根本无法完成的工作。

从公布的相关数据来看，人类应用生物工程的技术已经可以创造出一些具备抗药、抗虫、抗寒及抗旱等品种的农作物，而在应用大数据技术后，会有越来越多的新品种农作物被开发出来。这些新品种农作物在品质、种植成本及降低对环境带来的潜在风险方面将会更具优势，这将使广大农业生产者获取更高的回报，同时广大消费者也能以更低的价格购买到以前根本无法获得的农作物，如高钙胡萝卜、含有更多微量元素的木薯等。

（2）以数据驱动的精准农业操作

农业是一个十分复杂的领域，气候、土地、农户的活动等与农产品生产相关的因素会相互干扰。近年来，许多农业专家尝试通过对农作物的品种、肥料、水分等方面进行有效控制，来尝试实现农作物与种植区域、生长环境等方面的精准匹配。

借助各种各样的高科技技术，人们在农业数据获取及应用方面已经取得了明显突破。无人机及遥感卫星的应用，可以实现农田集中管理及农作物品种规划，并对气候、土壤墒情、自然灾害等进行预测，实时掌握农作物生产状态，为施肥、灌溉提供指导，对农作物的最终生产进行评估等，这使得人们对农田的管理愈发精细化及标准化，农业生产者的生产力获得大幅度提升。

随着海量农业数据的不断积累，大数据分析技术的应用将显得尤为关键，如果没有大数据分析技术，数据资产的价值根本无法得到充分发掘。

作为前 NASA 科学家的佳格公司 CEO 张弓博士，在美国航天局具备多年遥感数据分析从业经验，他指出："机器学习乃是大数据分析最为核心的技术，它能够智能化、定制化、低成本、高效率地帮助人们获取相关数据，并提供有重要参考价值的分析结果，从而为人们进行决策提供重要支撑。此外，机器学习最关键的一点就在于随着其获取的数据的规模不断增长，分析算法将更为精准，对生产者进行决策提供的帮助也就越大。"

（3）大数据实现农产品可追溯

对农产品从农田到消费者流通过程的监测及追踪，可以有效降低疾病、驱动商家提升产品品质及服务质量、赋予农产品更高的增量价值等。随着经济全球化进程的不断深入，农产品供应链越来越复杂，农产品跨国销售成为一种主流发展趋势，由于监管体系及标准不完善等问题引发的食品安全事件也时常出现，此时，实现对农产品流通过程的可追溯就显得愈发关键。

而大数据的应用能够帮助相关企业在生产、仓储、销售、配送等环节大幅度提升运营质量。通过运用扫描仪、传感器等相关设备可以对农产品生产及流通过程中的相关数据进行记录，同时，当出现不当操作时也会发出警告，提醒相关人员及时纠正。

利用大数据实现农产品可追溯能够让消费者获取足够的知情权，并在产品出现问题时，迅速制订出召回产品、销毁问题产品等解决方案。此外，大数据分析能够帮助人们找到潜伏在食品中的细菌，并预测出其爆发期，从而制定相应的应对措施。这种疾病对人类的生命往往存在着极大的威胁，据公布的数据显示，美国平均每年会有7600万人被食物中潜伏的细菌所感染，其中有5000人会因此而丧命。

（4）大数据重组供应链

许多中小型传统农业公司由于不能及时研发新技术及新产品来应对不断变化的市场环境及消费需求，而导致最终走向灭亡。与之相对应的是，大型农业公司由于在资金及科研能力方面具备较大的优势，从而能够相对简单地研发出新的产品及服务来获取广大消费者的认可。

此外，供应链信息不透明也是限制大部分农业企业发展的一大痛点，分销商、经销商等中间环节的大量存在，使得信息传递严重受阻，价格不透明问题尤为突出。而大数据的应用则为打破这一局面提供了有效途径，农产品生产及流通各个环节中的信息，将会实时同步给所有的相关个体及组织，在这种信息高度透明的优良商业环境中，农产品供应链中的诸多参与者将通过携手努力为用户创造价值，最终实现多方共赢。

04 "互联网 + 农业" 模式的挑战与对策

"互联网 + 农业" 作为一种新生事物，在发展的过程中会遇到诸多挑战。要想实现持续、稳定的发展，就必须分析这些挑战，并采取有效的应对措施。

◆ "互联网 + 农业" 发展中的主要挑战

"互联网 + 农业" 发展中的主要挑战来自于以下 4 个方面，如图 3-4 所示。

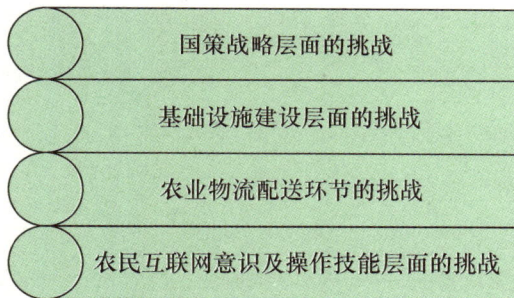

图 3-4 "互联网 + 农业" 发展中的主要挑战

国策战略层面的挑战

基础设施建设层面的挑战

农业物流配送环节的挑战

农民互联网意识及操作技能层面的挑战

（1）国策战略层面的挑战

"互联网 + 农业" 依托于现代的信息技术，能有效推动传统农业实现转型升级，为现代化农业的发展和我国的粮食安全提供有效的保障。就目前的形势而言，很多人都从"互联网 + 农业"中看到了巨大的商机，于是蜂拥而上，形成了各自为政、发展失衡的局面，使"互联网 + 农业"的发展受到了很大的制约。

归根结底，该问题出现的原因就是没有对"互联网 + 农业"的发展进行顶层设计。因此，国家要从战略层面制定"互联网 + 农业"的发展规划，统一谋划、逐步推进，保证"互联网＋农业"发展的稳定性和可持续性。

（2）基础设施建设层面的挑战

从本质上来讲，"互联网＋"是一场信息技术革命，因此，实现"互联网＋农业"最关键的就是要做好信息基础设施的建设工作。

CNNIC 发布的第 38 次调查报告显示，截至 2016 年 6 月，我国农村网民有 1.91 亿，占比 26.9%；城镇网民 5.19 亿，占比 73.1%。总体来说，我国农村网民的比例较小，农村互联网的基础设施建设依然不健全。加之我国互联网中关于农业的数据资源分割严重，整合利用不易，使得其利用率很低，转化为生产力非常不容易。

（3）农业物流配送环节的挑战

农产品不易保存，对物流运输的要求非常高，若物流运输不当，会使得农产品的损耗率大幅增加。虽然我国目前在大力建设现代型的农村物流网络，如"万村千乡"工程等，但是因为开展的时间较短，尚未取得很好的成果。所以，从整体来看，农村的物流配送产业发展依然滞后，对"互联网＋农业"的落实发展产生了一些阻滞。

（4）农民互联网意识及操作技能层面的挑战

在"互联网＋农业"落实发展的过程中，各参与主体的意识必须改变，必须融入互联网的相关思维。对农民来说，他们是"互联网＋农业"推行应用的主体，必须接受互联网思维，接受互联网的经营模式。但是由于我国农民的文化程度普遍较低，与外界的联系不太顺畅，互联网对他们来说还是一种新事物，存在诸多抵触心理，不愿意学习、学不会等问题始终存在。尤其是在互联网上的一个不当操作就有可能导致巨大损失的情况下，互联网的推广应用就更加困难了。

另外，我国很多大型的农业企业的生产模式都是"公司＋农户"，这些企业有自己的生产基地，其生产主体多为合作社、个体农户，他们对自己的生产模式非常有信心，并且已经形成了订单化、规模化、专业化的经营模式，经营效果非常好。在这种情况下，他们也不愿意接受"互联网＋农业"

这种新模式，毕竟改变就意味着冒险。

　　受各种因素的影响，尽管"互联网 + 农业"能为农业经济的转型升级提供很多机遇，却依然出现了很多失败者。因此，在"互联网 + 农业"的模式下，每个参与主体都要对其自身的实力有一个清醒的认识，不要盲目地加入混战，以免在挑战中惨败。

◆关于"互联网 + 农业"落地的思考

　　"互联网 + 农业"的落实发展，需要社会、政府、企业共同努力。

（1）从国家战略层面制定"互联网 + 农业"的发展规划

　　政府要从国家战略的高度出发制定"互联网 + 农业"的发展规划，做好顶层设计，下发相关的指导意见，以推动"互联网 + 农业"朝着正确、健康的方向发展；要针对"互联网 + 农业"展开战略性研究，对其示范应用及产业发展提供科学的指导，疏通信息传播渠道，消除"信息孤岛"；要针对"互联网 + 农业"制定一些技术发展规划，在某些关键的技术领域进行创新，以实现突破发展；要加快立法，为"互联网 + 农业"的发展提供充分的法律保障；另外，开放大数据，培养人才，以推动"互联网 + 农业"的落实发展。

（2）加快推进农村信息化基础设施建设工作

　　首先，要完善农村的信息基础设施建设，借助"宽带中国"战略实现宽带村村通的建设，做好智能终端的开发工作以更好地服务于农民，为其提供完善的农业信息服务；其次，要加深对各种农业信息的开发，提高农民对互联网应用的兴趣，提升互联网中各种农业信息资源的利用率；最后，政府要建立农业大数据应用及研究中心，对农业大数据进行采集、加工、存储，切实地让其成果为农业生产服务。

（3）通过"互联网 +"助力农业电子商务平台的建设

　　目前，在农业市场存在"大市场""消费者""小农户"对接困难的问题，总有各种各样的中间商插入其中，影响了农业市场的发展。"互联网 + 农业"

的出现为这一问题提供了一个很好的解决方案，提高了农产品和农资的流通效率，增加了农民收入，实现了农产品的增值，但是其落实应用则需要各农业企业家的共同努力。

例如，鼓励以中粮为代表的大型企业建立自己的电商平台，实现农业商品的网上交易。再例如，鼓励阿里巴巴、京东等大型网商建设农产品电商平台，在互联网的基础上构建一个集资金、信息、物资、冷链运输于一体的网络化运营体系，以切实助力"互联网＋农业"的落实发展。

（4）加快"互联网＋农业"的新型职业农民培育行动

任何一个新事物的推广应用都需要人才的支撑，"互联网＋农业"也是如此。"互联网＋农业"实施的主体是农民，因此，要构建一个新型农民教育培训体系，基于互联网打造一个虚拟的教育环境，开展在线教育，推行互动课堂，培养一批会经营、有技术的新型职业农民，为"互联网＋农业"的落实发展提供充足的人才资源。

（5）通过"互联网＋农业"助力中国农业走向国际

中国农业要发展，就要"走出去"。在"互联网＋农业"战略的支持下，我国农业可以顺利地打开国际大门，提升在国际上的影响力。

如"大湄公河次区域农业信息网络"项目就以"互联网＋"为依托构建了一个国际化的农业信息交流平台；我国利用各种自由贸易区的优势，建设了很多国际化的农产品电商平台，为我国农产品"走出去"提供了助力；我国面向亚、非、南美洲等国家建立的农业技术交流平台，为我国农业技术和机械装备的走出去疏通了渠道。国家在这方面做出的努力还有很多。

综上所述，互联网与农业的结合为农业发展产生了巨大的推动力，为农业变革的实现产生了深远影响。"互联网＋农业"将农业和新兴的信息技术融合在一起，推动农业朝着智能化、精准化、定制化的方向迈进，推动农业在转型升级的道路上得以持续发展。

05 "互联网＋县域"：农村经济发展的新引擎

司马迁曾在《史记》中表明："郡县治，天下无不治。"习总书记也强调"郡县治，天下安"。从总人口来看，我国县域人口约占 70%，而从经济总量看，全国 GDP 中县域经济 GDP 约占 60%，全国社会消费总额中县域占据 50% 左右。不难看出，县域经济的发展潜力是巨大的。

当前，我国的经济发展日渐步入新常态，县域经济即将迎来新的挑战，同时还面临转型的压力。电子商务作为新兴产业，凭借自身强大的生命力，近几年来的发展十分迅速，既创造了新的消费需求，也扩展了就业增收途径，成为新的投资风口。与此同时，电子商务正在与制造业深入融合，极大地促进了服务业的转型，也催生了更多的新兴业态，势必成为经济发展的重要动力源泉。

2015 年 5 月，国务院颁发《关于大力发展电子商务加快培育经济新动力的意见》，并在《意见》中明确指出，"到 2020 年，电子商务与其他产业深度融合，成为促进创业、稳定就业、改善民生服务的重要平台，对工业化、信息化、城镇化、农业现代化同步发展起到关键性作用。"

2015 年 11 月，国务院在《关于促进农村电子商务加快发展的指导意见》中明确提出"到 2020 年，初步建成统一开放、竞争有序、诚信守法、安全可靠、绿色环保的农村电子商务市场体系"的发展目标。

随着《中国制造 2025》强国战略的提出，以及"互联网＋""双创"战略的不断深入，县域电商面临前所未有的发展机遇。在此背景下，县域政府应深入思考：怎样才能构建符合县域特色的电商体系？在思想上，要充分认识到县域电商的发展态势以及对县域经济发展的重要性；在实际行动上，应积极探索县域电商模式，开拓发展的新路径。

谈及电子商务，人们最先联想到的就是网上购物，甚至很多人们将两者混为一谈。实际上，网上购物仅为电子商务的某一领域，真正意义上的电子商务十分广泛，涉及各大领域、覆盖各个行业，其发展格局呈现"百花齐放"的态势。

针对县域经济转型发展，电子商务呈现出的价值越来越显著。电子商务深入农村后，极大地促进了农民返乡创业，拉动农村消费，推动城镇化进程。此外，电子商务也为县域产业结构调整做出贡献，促进农业、制造业、服务业的现代化发展及优化升级。电子商务对县域经济起到的积极作用不仅如此，我们可从以下 4 个方面详述。

◆ 转变了县域农业的发展方式

在通常情况下，农民的生产存在一定的盲目性，即无法准确了解消费者的实际需求进行生产，从而造成"难卖"的问题。县域电商借助互联网平台，实现了"生产者"与"消费者"之间的直接沟通，以消费者为中心直接定位市场需求，农民拿到订单后再进行生产，也就是"逆向农业"，从而规避盲目生产造成的"难卖"问题。

此外，受大数据、物联网等对农业生产的指导，"精准农业"也越来越普遍，无论是农作物的育种、栽培，还是其灌溉、施肥，甚至是收割，都可在电商大数据的指导下精准进行。

2014 年 3 月，安徽绩溪县首次推出"老乡喊你来分地"的互联网私人定制农场项目——聚土地。用户通过淘宝聚划算平台认购土地套餐后，可每月获得认购土地的农作物产出（如相应的水果、蔬菜），同时也可以到农地免费旅游、免费住宿。"聚土地"项目推出短短 3 天，就突破了 5 亿人次的曝光率，约 3500 人认购土地，总计认购土地面积

465 亩，项目销售额高达 228 万元。

值得一提的是，农村把闲置的土地流转至电子商务公司，农民不仅可获得一定的租金，若经返聘务工参与农作物生产，还可获取一定的工资收入；而在消费者观光旅游期间，所提供的农家乐餐饮亦可创造额外收益。据悉，"聚土地"项目实施后，农民每亩土地约增收 2000 多元。

◆ 加速了县域产业的转型升级

2015 年 12 月 30 日，国务院办公厅下发《推进农村一二三产业融合发展的指导意见》，要求加强一、二、三产业的融合互动，提升农村产业融合发展的总体水平。在县域三产融合方面，电子商务无疑是最有力的抓手：一方面，电子商务可深入渗透至传统农业，促进县域农业产业的快速发展；另一方面，电子商务亦可与其他产业融合，引发产业革命，催生新的经济模式与业态。

对农业产业来说，电子商务不仅加快了农产品生产、加工、储存等发展，同时农产品的网上售卖也促进了物流与电商服务业的发展。对于生产制造业来说，电子商务促使其按需制造成为可能，以服装制造业为例，基于互联网、大数据的支持，生产者可准确掌握消费者的个性化需求，快速定位市场，实现"多款式、小批量"生产，规避传统服装业大生产的弊端。

◆ 推进了县域的创业与创新

2016 年 4 月 12 日，阿里研究院发布《农产品电子商务白皮书（2015）》，其数据统计，2015 年阿里平台上农产品销售约 700 亿元，经营农产品的卖家有 90 多万个。与其他创业模式相比，电商创业门槛低，只要注册一个淘宝账号就可开张营业，且收效快。尤其是淘宝合伙人模式，更加适合农村青年创业，有助于吸引农村青年返乡，促进县域经济的驱动发展。

青年创业先锋人物乔卫齐，2013 年，乔卫齐开始成立自己的网店，"对面小城"的淘宝店正式开张，从事农产品的销售。2014 年，"对面小城"带动了当地 11 个农户从事杂粮生产，种植绿豆、黑豆等 500 余亩，销售额高达 100 万元，比传统农业生产每亩地增收 300 多元。2015 年，乔卫齐进一步扩大销售规模，与当地 121 个农户签订购销协议，种植水稻、杂粮约 1400 余亩。

◆ 培育了县域消费市场的新增长点

伴随国民经济水平的不断提升，我国的消费水平也得到进一步提高，但农村消费市场却不尽如人意。电子商务与各产业的融合，逐渐培养了农民网络购物的习惯，促使县域消费市场出现了新的消费增量。

数据研究表明，在网络零售消费额中，替代性消费（即线下转移至线上的消费）约占 61%，网络购物刺激所产生的新增消费约占 39%；而在三、四线县域地区，新增消费约占 57%，可见网络零售具有的拉动内需的作用更为显著。

当前，电子商务这一新抓手不断挖掘农村巨大的消费潜力，很多的县域已经出现了代购，专门为农民代理网络购物，并从中赚取服务费。在这种背景环境下，越来越多的互联网企业及电商企业，开始投身农村市场，一场"下乡"的热潮正在掀起。

06 县域电商的新特征、新模式

自 2003 年起，县域电商在十几年的发展过程中，先后经历了从无至有、从小至大等变化。而随着"互联网+"行动计划的提出，为县域电商的发展提供了良好的政策环境，进军农村市场的电商平台日趋增多。截至 2015 年年底，农村淘宝平台已覆盖 22 个省、200 多个县。京东、苏宁等多家互联网企业纷纷进军农村电商，其中京东商城现有的京东帮服务站就多达 1200 多家。

近几年，淘宝村更是以迅雷不及掩耳之势蓬勃发展：2009 年，我国淘宝村仅 3 个，而至 2013 年，国内淘宝村则增至 20 个，2015 年突破 780 个。与之相似，以三村连片的产业群（又名淘宝镇）增长也是十分快速的，2014 年仅 19 个，至 2015 年则增加至 71 个。

经过多年的发展，县域电商也不断向专业化、高素质化的方向迈进，电商模式也由原来的小卖部（1.0 模式），向农村淘宝合伙人（2.0 模式）转化。据悉，在农村淘宝模式下，合伙人的月均收入约 3000 元，最早者可超出万元，成为吸引青年返乡的一大亮点。例如，2015 年，陕西北部的延长县共招合伙人 30 个，吸引外地返乡青年 1200 人，总计报名人数高达 7900 人。不难看出，农村电商充满生机，前景可期。

◆ "互联网+县域电商"的新特征

县域电商正在向园区聚集，原有分散的、独立的、个别的生产厂家或网络商家，在线上或线下纷纷进行互动与协作，形成了产业化的集群。园区所具有的集聚效果，不仅降低了各商家的交流成本，而且商家间知识与经验的积累与传播，也进一步促进了县域电商的飞速发展。

阿里研究院提供的数据显示，截至 2016 年 3 月，全国电商园区数量达 1122 家，同比增长约 120%，其中园区数量排名前三的分别是浙江（182 家）、广东（136 家）和江苏（113 家）。

分析县域电商的发展动向，可发现其发展存在以下新特征，如图 3-5 所示。

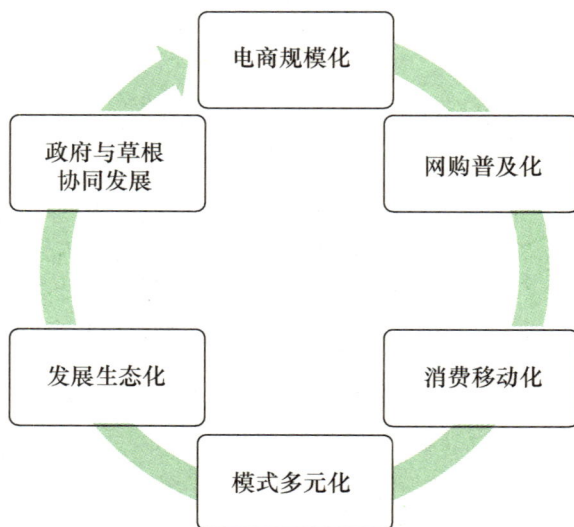

图 3-5 "互联网 + 县域电商"的新特征

（1）电商规模化

县域电商规模化发展表现在以下两方面。

其一，县域电商的数量不断增加，且销售额破亿元的淘宝县日渐增多。2014 年，国内已经存在 300 多家销售额过亿元的淘宝县，而中西部的亿元县更是超过 100 家，包括陕西武功、四川郫县等。

其二，越来越多的淘宝县大规模生产特色商品，出现了大量的电商特色县，如福建顺德大规模生产茶具、河北青河大规模生产毛衣毛线、陕西武功大规模生产零食等。

（2）网购普及化

农村网络消费出现大幅上升，且相较于城市而言，县域层级的网购增速远远高过城市。2014 年的网购消费数据显示，县域网购增速超出城市 18%。

（3）消费移动化

2015 年淘宝"双 11"的消费数据显示，移动端渗透率前 10 位均为中西部县市，不难看出，移动互联网技术的普及带给农村更多的消费机会。

借助移动互联网技术，生产者与消费者可直接沟通，实现产品的供应与消费，这都极大地推动了县域电商的发展。

（4）模式多元化

我国县域众多，每个县域有着自己独特的发展优势，县域电商正是遵循"因地制宜"的原则，创造出独有的发展模式，如清河模式、成县模式、武功模式和桐庐模式等。各个县域在创造自己的发展模式时，可彼此借鉴，将有益经验用到自身的模式发展中，但切忌抄袭。

（5）发展生态化

单个政府或商家是难以推动县域电商的发展与升级的，若想更好地实现可持续发展，则需要构建整个生态服务体系，推动多个新兴业态的涌现，如构建电商产业园，将生产、物流、客服、仓库等多个产业形态密切联系到一起。促进县域电商的生态化发展，才是当前县域电商发展的主要目的。

（6）政府与草根协同发展

县域电商的良好发展，既离不开政府的大力推动，更离不开草根创业者、企业商家的大力支持。近几年，政府日益认识到草根创业者的重要性，摒弃原有"高高在上"的发展观念，与草根创业者协同合作，共同推动电商的发展。

◆ 县域电商的典型模式

县域电商模式具体指那些能够帮助县域电商发展的路径或方法。我国县域众多，各个县域之间千差万别，要想更好地推动电商发展，首要任务就是因地制宜，根据县域独有的优势，走特色化发展道路。下面我们就分析和解读几个典型的县域电商模式。

【案例一】遂昌模式

浙江遂昌县是个典型的山地县，其山地面积约占全县面积的 88%，农林产品颇丰，有着"中国竹炭之乡"的美誉。该县重视农业经济发展，现有的工业经济发展情况一般。

遂昌的电商模式重在将电子商务与传统农业融合，表现为"本地化电子商务综合服务商＋传统农业＋网商"。作为农产品电子商务模式，遂昌模式首次采用服务平台为驱动，依靠本地化电子商务综合服务商，促进电商与传统农业的融合，实现农产品的电子商务化，进而带动整个县域电商的生态发展。传统农业、网商、服务商彼此之间相互作用，加上国家政策及当地政府的大力支持，加速了遂昌模式标准制定，开辟了信息化的县域电商道路。

2014年3月25日，浙江赶街电子商务有限公司（简称赶街）正式成立，其主要业务包括代买、代卖、扶持农村创业等。县域内任何一个自然村，赶街都会建立相应的村级服务站，帮助村民解决电子商务操作的相关事宜，并提供专业的网购知识辅导，代理或指导村民实现网上购物、售物、缴费，进而让村内的农产品顺利进城，也让城内的消费品下乡。

至2014年年底，遂昌县的电商交易额高达5.3亿元，由县域电商带动的涉农旅游消费，如"农家乐"餐饮、住宿服务等，所创收益2.66亿元。由此可见，在遂昌模式下，县域电商共创造经济效益约8亿元。

【案例二】沙集模式

沙集镇位于江苏省西北部，是徐州市睢宁县东部的一个小乡镇，总面积约66平方公里，人口总数约6万人。作为苏北农村的典型，沙集镇人均耕地不足1亩，且因土地盐碱，每年收入很低，镇上青壮年多外出打工。1998年前，全镇曾以养猪业为生，但受到东南亚金融危机的影响难以为继；随后，全镇回收并加工废旧塑料，后经历2008年全球金融危机后停止发展。

沙集镇的电商模式，重在将电子商务深入加工业，即"农民网商＋加工业"。沙集模式不依赖于当地的传统产业，是由草根创业者自发驱动的电商模式, 开创了 "无中生有" 的电商道路。现阶段, 沙集模式发展以家庭经营为主, 且发展规模日益壮大, 在不久的将来, 沙集模式将升级为 "沙集模式 2.0"。

沙集电商模式的形成, 主要源自沙集镇的东风村。由于村内农民收入偏低, 多数村民选择外出打工, 然而在外打工所获收入也寥寥无几, 故而该村先后发展养猪业、回收加工废旧塑料等。然而, 以上主导产业均没有抵抗金融危机造成的重创, 仍不能带动全村经济的提升。2006年, 外出打工的青年开始尝试创立淘宝店, 主要从事简易拼装家具, 淘宝创业的成功吸引了更多的村民加入, 他们纷纷效仿注册淘宝店, 短短几年间, 沙集镇网店数量剧增, 乡亲们的收入也随之提高。

目前, 沙集镇的网店数量已超出 4000 多家, 这种以家具销售为主导的电商模式, 快速带动了沙集镇制造业、物流业、配件供给业等多个产业, 构建了新兴产业生态系统。据统计, 2014 年沙集镇的电商销售额就已经突破 26 亿元。

07 "互联网 +" 时代的县域经济转型

我国县域面积非常大, 大约占陆地总面积的 95%, 人口约为全国总人口的 60%, 但对 GDP 的贡献尚不足一半。2016 年 9 月 22 日, 中国社会科学院财经战略研究院发布的《中国县域经济发展报告（2016）》显示, 2015 年我国 400 个样本县（市）的 GDP 全国占比明显下降, 由 2014 年的 25.8% 下降到了 24.4%。并且, 我国县域经济发展非常不平衡, 东西差距非常大, 使得我国县域经济发展压力巨大, 其压力具体表现在县域转型、人才流失和生态压力 3 个方面。

◆县域经济面临的三大压力

从县域经济发展的现状来看，我国县域经济发展面临着三大压力，如图 3-6 所示。如果按照轻重缓急对这三大压力进行排序的话，排在首位的就是转型压力，其次是生态压力，最后是人才流失压力。

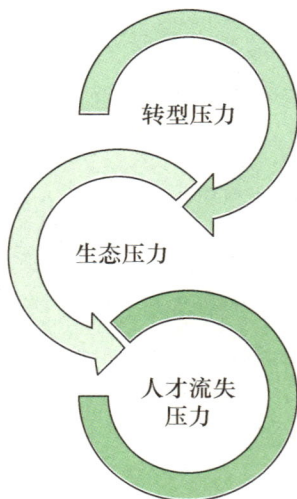

图 3-6　县域经济面临的三大压力

（1）转型压力

在过去的很多年里，县域经济都主要从事一些低端产业的生产制造或者高端产业的加工工作，不仅盈利困难，生态污染严重，而且还导致人才频频流失。再加之信贷审批受限，发展还要解决资金不足的问题，都给县域经济发展造成了巨大压力。

（2）生态压力

在过去的三十年中，很多县级行政区的政府都以 GDP 增长为经济发展目标，忽视了生态环境的保护工作，使得生态环境受到了严重破坏。在当前绿色经济、生态发展的大背景下，政府不得不耗费大量的人力、物力和财力来解决环境问题，给地方政府造成了又一压力。

（3）人才流失压力

经济的发展需要人才拉动，但是很多县域在吸引人才方面毫无优势，甚至很多当地人才还频频向外流失。出现该问题的原因是县域吸引人才的理念错误。很多县级政府都认为，只要有便利的交通、完善的配套设施，人才就会来。其实不然，凤凰栖于梧桐之上，如果当地的经济环境不佳，也是吸引不到人才的。

在"互联网 +"时代，为了缓解上述三大压力，很多县域都将"县域电商"视为了经济转型发展的切入点，在这方面做出了诸多努力。

◆ 县域电商需要深化

在行政规划体系中，县是一个很好的单位节点，通过这个节点可以带动下面乡、镇、村的发展，推动生产、流通实现网络化，进而催生县域电商。县域电商的发展不是能一蹴而就的，而是需要一个漫长的过程，其中涵盖了很多环节，如培训、资金、农资、产品追溯、产品运输、产品销售等，只有将这些环节都做好，将物流、服务、支付与消费习惯等因素串联起来，将农村的生产、消费与互联网电商系统串联起来，才能真正地构建县域电商，借助互联网渠道将产品销往全国。

在县域电商规划构建的过程中，有一个非常关键的步骤，就是做好"互联网 + 县域"工程。"互联网 + 县域"不能简单地从字面意思上来理解，它不是互联网和县域经济的简单相加，而是二者的深入融合。县域企业触网之后将为县域经济的发展带来一个新爆点，这个新爆点不一定都是机会，其中还存在些许危险因素。但这不表示我们不鼓励县域企业触网，因为互联网确实为县域经济的发展创造了很多机会，催生出了很多新业态。因此，那些尚未触网的和触网不深的县域企业都要尝试与互联网进行深度融合，优化社会资源配置，以切实推动县域电商的发展。

据统计，当前我国农业的劳动生产率非常低，相较于二三产业来说，只占据了 28% 的比例。同时，对于城镇居民收入来说，我国农民的人均收入只占 31%。因此，在未来的经济发展中，提升城市化比率是必然之举。

因此，在县域电商发展的过程中，需要明确一个关键问题：**县域电商的发展不是要为全国 GDP 创造多少增长点，不是要增加多少财政收入，而是要切切实实地推动当地经济的发展，推动当地主导产业与第三产业的发展，创造更多的就业机会，提升当地人们的生活水平。**

◆重点培育主导产业

无论是县域经济的发展，还是区域经济的发展，从整体来看，都要与企业一样，找寻自己的竞争点。对县域经济来说，什么才是其真正的竞争点？答案就是主导产业。无论面临多大的压力，县域经济要发展，首先要做好主导产业的培育工作，其次要以主导产业为核心形成专业化分工。

（1）培育主导产业

为什么说县域经济发展的第一要务就是培育主导产业呢？对全国先进县进行分析可以得知，这些县域有三大特点：**第一，城市化做得很好，乡镇城市化面积占比超过 50%；第二，农业正在朝着工业的方向转型发展；第三，有独具竞争力的主导产业。**

从我国县域经济的发展现状来看，受县域面积及人口的影响，一般县域经济会形成一个块状经济。为了与其他县域竞争，就要在本地资源的基础上形成一个或者两个主导产业，以主导产业为核心形成专业化的分工，以提升竞争力，推动经济的发展。

（2）形成专业化分工

专业化分工要在主导产业的基础上形成，对于原有的各个企业要具体问题具体解决。

首先，对于县域内原有的工业企业来说，要进行优化整合，主打一款产品，以形成品牌，提升品牌影响力；其次，对于没有工业积累的县域来说，要根据其具体的资源状况发展农业产业化，搞好特色农产品的生产与经营；最后，对于没有形成产业的地区来说，就要从供给侧改革着手，探索新路径，应用新策略，以消费引导生产，去产能、去库存，以最终推动专业化分工的实现。

◆农业产业化与城镇化共举

通过上述分析我们知道，如果某个县域没有工业积累，其培育主导产业的第一选择就是搞好农业产业化。从县域经济发展的宏观角度来看，农业产业化只是一种手段而已，其最终目的是提高农民收入，提升农业生产效率，推动城市化发展。

就农业产业化来说，目前有两种形式，**其一是搞好农产品的流通，其二是做好农产品加工**。县域电商的发展就和这两种农业产业化形式密切相关，如果要将其分先后，搞好农产品流通自然要放在第一位。

从当前国内农产品市场的发展现状来看，农产品市场已经趋于饱和，增量得不到很好的消化。在加入世贸组织之后，我国农产品价格大幅增长，普遍高于国际水平。因此，靠增产、提价来帮助农民增收的方法已经不奏效了。在这种形势下，要增加农民收入，就要优化农业产业结构，提升农业的生产效率。

从生产力的角度来看，工业和服务业的生产力只有农业的 28%，但这两大产业的收入却远远高于农业，其人均收入要比农业高出很多（农民的人均收入只占城镇居民的 31%）。出现该现象的根本原因在于：**农业具有季节性，深受自然条件的影响**；而工业和服务业是连续生产的，受自然条件的影响较小。因此，**要增加农民收入，就要让生产摆脱这种季节性影响，在种地之余从事一些其他类型的生产活动，来增加收入，这就要和城市化结合起来**。

在农业生产与城市化结合的过程中势必会遇到一个问题，就是在城市化的过程中县域的承载能力不足，不能满足那么多人的就业需求。为了解决这个问题就要提升县域的承载力，增加就业机会，让农民变成城市居民之后有工作可做。

那么这种就业机会来自于哪里呢？这就又回到了农业产业化的问题上。有工业积累的县域可以整合工业企业的各种资源，提供就业机会；没有工业积累的县域，就要打造一两个主导产业，以主导产业为核心细分出众多的专业化产业，来提供更多的就业机会。

因此，在"互联网+"背景下，要打造县域电商，要推动县域经济发展，就要推动农业产业化和城镇化共同发展。

第 4 章

农业 B2B 电商：
撬动农业资源高效流通

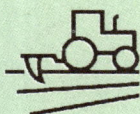

01 农业 B2B 电商模式的发展现状

自"互联网＋"行动开展以来，我国政府相关部门积极推动农业领域与互联网的结合，诸多省份的政府部门也主动采取配合措施，依托高速发展的互联网进行农业的现代化改革，促使该区域内采用 B2B 模式的电商平台进入快速发展时期。

近年来，国内农业经济始终呈上升趋势，且其总体发展较为稳定，数据统计结果显示，到 2016 年，农业市场的总体价值可达 10 万亿元，这个数据超出我国在 2014 年国内生产总值的 16.6%，蕴藏着巨大的开发空间。自 2012 年起的四年时间中，我国农村居民的纯收入一直在提高，且每年的增长率都超过 10%，农业部公布的统计结果表明，2015 年国内农村人均纯收入超过万元，足以证明农业经济近年来的发展成果。在这种大环境下，农业电商的开发空间得到进一步扩展。

在参与主体积极性不断提高的情况下，B2B 行业呈迅速发展之势，随之而来的是尝试采用该模式的企业数量逐渐增加，无论是新兴企业还是传统企业都受到强烈吸引。到 2016 年，我国新农人的总体数量达 100 万以上，并且还在持续增长中，如此一来，农业发展的现代化水平将被不断提高。

在第一次工业革命、第二次工业革命之后，互联网的诞生被业内人士视为最具划时代意义的革命。随着互联网在农业领域的不断渗透，包括农业生产资料的采购、农作物种植、农产品销售及消费等各个流程，都开始融入互联网因素，有效推动了传统农业的转型升级。

尽管农业 B2B 电商的发展尚未进入成熟时期，但该行业的迅猛发展姿态及其对投资者的巨大吸引力远远超出众多领域。如今，除了传统农业企业之外，许多实力型的互联网企业也开始进军农业 B2B 电商，与此同时，越来越多采用该发展模式的初创企业涌现在市场上。总体而言，现阶段下农业 B2B 电商仍拥有广阔的发展前景。

从农业 B2B 电商的产业链组成方式来看，土地资源及农业生产资料位于产业链前端，农产品生产与制造位于中间环节，产品配送及物流则位于产业链末端。目前，农产品配送是农业 B2B 电商分布最多的领域，进入 2014 年后，位于产业链末端的农产品配送企业发展得非常快，与其产业链前端、中间环节的企业相比，这类企业对投资者的吸引力也更为突出。

伴随着农业 B2B 电商的逐渐发展与完善，经营者会依托网络平台建立完整的闭环交易体系，为农业生产方、产品配送方的运营及消费者带来更多便利，农业 B2B 电商的整个产业链也会逐渐形成健全的生态体系。

农业行业与互联网的结合，突破了各自的行业界限，借助互联网在思维、技术、运营方式等各方面进行创新，推动农业行业中位于产业链不同环节企业的改革，加速整个农业产业的转型，实现该领域向智慧农业及现代化农业的全方位迈进。

互联网与农业 B2B 电商相结合的发展方式，代表着"互联网 +"在农业领域的深度拓展及应用，其具体实施方法：**依托不同类型、不同功能的企业在产业链各个环节的分布，实现农产品生产者与消费者之间的对接，**

完成相关产品流、资金流及信息流的正常运转。

此外，由于互联网与农业 B2B 电商的结合具有较高的安全性，开拓空间较大，容易实现规模化扩张，其在今后的农业电商发展中将占据关键性地位，相关企业对该领域的关注程度也会逐渐提高，并就此展开激烈竞争。

自 20 世纪中期新中国刚刚建立时，农业现代化就被纳入国家整体战略规划之中，但纵然经过 60 多年的发展，传统农业在我国依然根深蒂固，很多传统思想及习惯也被延续下来。如今，环境破坏问题日渐突出，水土流失给多个地区带来灾患，耕地数量不断减少，已接近红线。从农业机械化的水平来分析，国内总体水平远不如发达国家，甚至不及世界平均水平，例如，美国的农业机械化水平是我国的 5 倍，法国是我国的 11 倍。

另外，因为农产品生产及存储条件有限，我国粮食作物、水果及蔬菜等多种农产品都存在严重的损失问题，其中，蔬菜的损失率高达 20% 以上。相关数据统计显示，我国的果蔬产品因保存不当造成的损失超过 1 亿吨 / 年。而且，农产品质量问题日渐突出，环境污染导致的卫生问题严重威胁食品健康及安全，在今后的发展过程中都应进行妥善处理。

在互联网高速发展的今天，中国农业却仍然面临诸多弊端问题，如图 4-1 所示。在这种情况下，应积极寻求与互联网的结合来实现农业产业的变革。

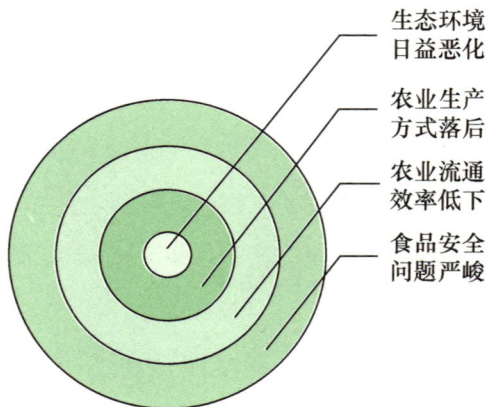

生态环境
日益恶化

农业生产
方式落后

农业流通
效率低下

食品安全
问题严峻

图 4-1　中国农业存在的主要弊端

在土地资源开发方面，土流网的运营能够有效促使土地资源利用率提高，互联网技术在该领域的应用更能够提高农业生产的智能化水平，避免因农业生产方式落后导致农业物资的利用率始终维持在低水平。

表现最突出的是，农业产业与电商化运营的结合为生产者及消费者之间的信息对接提供了便捷渠道，能够有效提升农产品生产者及经营方的利润。互联网农业市场的总体价值规模高达 10 万亿元，其主导运营方式分为如下 3 种：B2B 农业生产资料的经营销售；B2B 农产品经营及销售；B2B 农产品配送及相关交易。这三种运营方式在农业市场总体价值中所占的比例依次为 20%、50% 和 30%。

总之，互联网农业市场拥有广阔的发展前景，无论是农业电商的开拓者，还是聚焦于该领域的投资者，都能够从中发现巨大的商机。

02 农业 B2B 电商的环境因素分析

"互联网 +"于 2015 年 3 月举行的十二届全国人大三次会议上第一次进入政府工作报告，也标志着我国将"互联网 +"行动计划纳入总体战略规划。之后，"互联网 +"在越来越多的行业得到应用，促进了诸多传统行业的变革，也为整体国民经济的发展做出了突出贡献。

农业领域也是"互联网 +"渗透的行业之一，其中农业 B2B 电商与互联网的结合以其迅猛的发展姿态吸引了众多业内人士的关注，成为专业分析者研究的重点对象。

在相关部门出台的一系列支持农村电子商务发展的政策中，强调要通过农村电子商务的发展为整体经济运营注入活力。在决策者看来，我国农村电子商务的发展还在探索时期，无论是物流设施的建设、网络技术的发展水平，还是电子商务的发展氛围都有待完善，为了促进农村电商的发展，需要同时加强多个建设层面的投资力度，打造出不同类型的农村电商企业。

伴随着互联网与传统农业的深度结合，该领域的发展逐渐趋向于现代化和科技化，并逐渐显露出生态化雏形。要提高农业的现代化水平，则需借助于近年来兴起的大数据、云计算等先进技术的推动作用。而农业电商化也是农业现代化的反映，为了降低农业产业链中在生产、分配、消费等环节上的企业在发展过程中遇到的阻力，必须集中力量推动农业电商的发展，并通过这种方式实现农业现代化，使我国农业产业获得更加长远的发展，不断完善农业生态体系的建设。

在此期间，国家出台的政策为农业与互联网的结合发展提供了诸多便利，加上地方政府的切实推行，进一步加快了传统农业的转型升级，使农业 B2B 电商的发展进入新时期。

◆ 经济层面

我国在 2015 年进入全面改革时期，同时对多个领域进行了调整，与此同时，中国经济"新常态"迎来重点过渡时期，国内生产总值的上升速度比同期降低了 6.9 个百分点，这是我国自 20 世纪 90 年代以来出现的最大幅度的跌落，这一年成为国内经济转型的重要时期。

我国在 2010 年的粮食出产总规模为 54648 万吨，2015 年时，这一数据增至 62143.5 万吨，平均每年的增长率达 2.6 个百分点。国家的粮食出产规模在很大程度上能够反映出其农业经济发展的总体情况，也能代表国家的农业生产总体水平。

另外，基于农村居民的收入水平及其发展趋势来分析，2012 年以来，农村居民人均纯收入逐步提高，到 2015 年时达 10977 元，且其近几年的增长率从未低于 10%。而农村居民收入水平的提高在拉动农村地区消费的同时，还能促使农民加大农业发展的投资力度，助力农业电商的发展。

伴随着农村经济的发展，农民消费水平的提高，互联网的应用逐渐扩展至农村地区，加上国务院办公厅于 2015 年下发《关于加快高速宽带网络建设推进网络提速降费的指导意见》，如今我国农村地区的互联网建设不断完善，其应用也迅速普及。越来越多的农民从线下消费转移至网络平台。

中国互联网络信息中心（CNNIC）发布的《2015 年农村互联网发展状况研究报告》指出，到 2015 年年底，我国农村网民的总体数量达 1.95 亿，比 2014 年上涨了 1694 万，年增长率达 9.5 个百分点。可见，随着我国农村网络信息建设不断完善，农村网民规模持续增加，越来越多的农村居民习惯于线上购物，从而为农业电商的发展开辟了道路。

◆ 社会层面

根据 B2B 行业专业研究平台"托比网"于 2015 年年底公开的《2015 年度中国 B2B 从业人员调查与分析报告》，B2B 行业从业人员信心指数到 2015 年时上升至 99.2，比 2014 年（73.0）有显著提高。在该领域从业者对其发展普遍看好的前提下，无论是传统企业还是新兴企业，都纷纷涌入 B2B 行业并积极展开布局。

在农村地区互联网迅速发展的同时，新农人作为新生群体力量在国内市场上崛起，与传统农民相比，新农人具备鲜明的互联网基因、组织基因、创新基因及文化基因，如图 4-2 所示。

据阿里研究院发布的《中国新农人研究报告（2014）》显示，新农人除了拥有上述 4 个方面的关键特征之外，还更注重生态化建设与发展。根据该报告的数据统计，到 2014 年年底，阿里零售平台上的新农人总体规模达 100 万以上，并且还在持续增长中，未来，农村经济会在这些参与主体的推动下得到进一步发展。

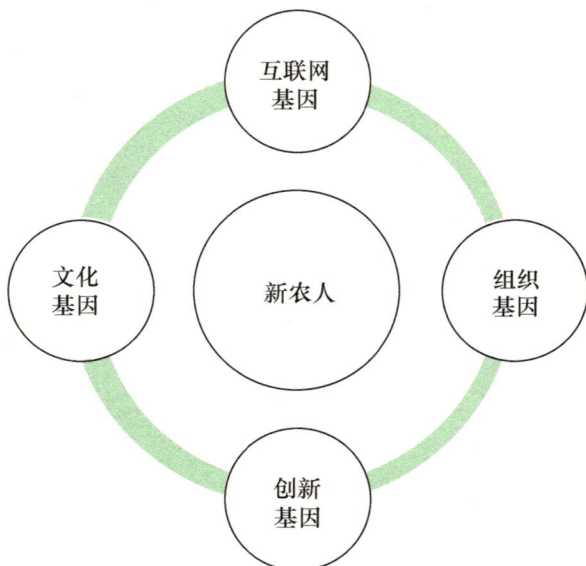

图 4-2　新农人的关键特征

从农业 B2B 发展的角度来分析，无论何时都不能忽视人才的力量。新农人群体的崛起，能够有效弥补其人才短缺的问题，不过需要明确的一点是，考虑到农业 B2B 电商的总体规模之大，目前在人才方面仍然是严重的短板，且该领域拥有巨大的开发潜力，等待更多优秀人才的加入，将其作为展现自身才能的平台。

◆ **技术层面**

在互联网时代下，新一轮的技术革命正在兴起，大数据、云计算、物联网等先进技术的应用正潜移默化地改变着人们的日常生活，随着这些技术在众多领域内的应用，企业的运营及人们的工作效率得到大幅提升，农业产业也不例外。如今的互联技术已经渗透至农业产业链的各个环节，在促使传统农业进行转型升级的同时，加快了我国实现现代化农业的进程。

尽管农业行业在积极寻求与先进技术的结合，但我们应该意识到我国农业基础薄弱的局面仍然存在，无法在短时间内完成转型，表现最突出的是位于农业 B2B 电商产业链各个环节的企业，通常会因为技术因素的限制而无法提高资源利用率。农业 B2B 的发展之所以到现在仍然面临许多问题，大部分都与技术因素有关，很多企业因为技术水平有限而无法顺利达成合作关系，利润空间也难以扩大。

综上所述，在进行传统农业转型升级的过程中，依托网络技术发展起来的大数据、云计算、智能技术等都发挥了重要的推动作用，但是从另一个角度来说，恐怕还要经过相当长的时间才能促使上述技术的落地。

03　农业 B2B 电商平台的三大类型

2015 年，政府出台文件提出要大力支持电商、物流、商贸、金融等企业参与电商平台的建设，为电商进农村做出综合示范。当然，在此之前，各大电商平台在进驻农村方面就展开了一系列探索。

在"互联网 +"时代，"互联网 + 经济""互联网 + 教育""互联网 + 物流"等都已经为人熟知，"互联网 + 农业"似乎是一个新组合。这个组合如何解释？从本质上来讲，"互联网 + 农业"就是一个新型的农业平台，这个平台借助于云平台、大数据、物联网等技术对金融、物流等资源进行整合，消除各农业产业链环节中的障碍，促使生产流通效率得以有效提升。目前，这个新型农业平台正处于起步阶段。

当互联网与任何一个传统行业相连时，都必须对其产业链结构、参与者职能和成本利润构成进行分析。在"互联网 + 农业"初始阶段，为了规划其正确的发展思路，最应该做的事情就是对其发展现状进行分析。

◆农业产业链基本结构

一般来讲，农业产业链可以划分为产前、产中和产 3 个环节，产前涵盖了育种、肥料和机具等内容；产中涵盖了种植、养殖和采摘等内容；产后涵盖了农产品加工等内容。从"互联网 + 农业"的角度来讲，目前，农业 B2B 平台主要可以分为三大类型，如图 4-3 所示。

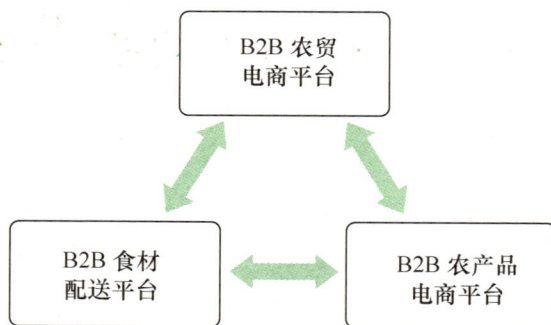

图 4-3　农业 B2B 电商平台的三大类型

（1）B2B 农资电商平台

农资产品主要包括四大类，分别是种子、化肥、农药和机具。从整体上来看，农资产品的需求处于上升期，种子的市场空间约为 3500 亿元，化肥的市场空间约为 7500 亿元，农药的市场空间约为 3800 亿元，农机具的市场空间约为 6000 亿元。电商平台和农资产品的结合，能去除农资产品供应的中间环节（县级经销商和村级经销商），给农民带来性价比更高的农资产品。

（2）B2B 农产品电商平台

2014 年，我国农产品电商的交易总额突破 15 万亿元，解决了传统农产品交易市场上的价格不透明、仓储物流服务和金融服务不健全的问题，缩短了农产品交易到农户手中的时间，提升了交易效率。

这 15 万亿元的成交额是借助 300 多个 B2B 农产品大宗商品交易平台实现的。目前，我国的农产品电商平台呈现出"两超一多强一小众"的寡头竞争局面："两超"指的是阿里和京东；"多强"指的是"我买网"等具有超强竞争力的网站；"小众"指的是龙宝溯源商城等具有特色的网站。

（3）B2B 食材配送平台

餐饮业是服务业中最重要的一个成员。2015 年，餐饮业年收入达 32310 亿元。对餐饮行业来说，在食材配送方面存在诸多问题，如由于采购量小而无法议价、采购过程中可能产生灰色支出、采购菜品质量无法保证等。"电商平台 + 食材配送"能够积极建立食材配送的仓储物流体系，使上述问题得到有效的解决。

◆ 农资产品贸易现状

目前，我国拥有种子厂约 5000 家，化肥厂约 20000 家，农药厂约 3000 家。其中一个共有的问题就是集中度低。

（1）农资电商市场环境特点

从农户的角度来看，目前，在农资电商市场上，农户的入网率比较低，同村人的抱团现象较为严重。

从仓储物流方面来看，基础设施尚不健全，很多农资通过互联网渠道进入农村之后，都需要农户自己将其运到家中。很多农户都认为这种方式过于繁琐，导致农资 B2B 平台的使用率较低。

从商品风险的角度来看，种子、农药等产品的赔付率较高，如代收假种子的赔付率为 100%，使得农资商品经营的风险过高，影响了营销主体的数量。

从农资产品的赊销需求来看，乡镇经销商经常会为农户提供赊销服务，这种服务是在熟人关系的基础上形成的。外来农资电商平台，如图 4-4 所示，在这方面毫无优势，很难为农户提供赊销服务。

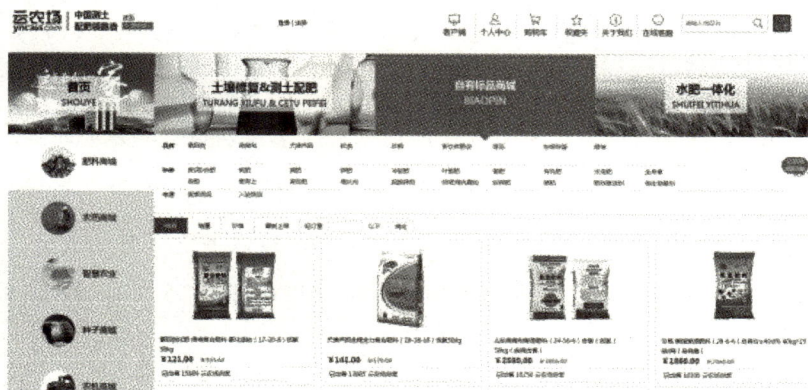

图 4-4 云农场自有标品商城

从农户的信贷需求来看，目前，国家颁发了一系列政策支持农业贷款，激发了农户贷款融资的需求。但是相对于国家 40.5% 的平均贷款获批率来说，农村 27.6% 的平均贷款获批率就太低了。这种现象是农户贷款违约还款现象过于严重导致的。

（2）B2B 农资电商平台

目前，我国已经出现了一批农资电商平台，比较有代表性的有以下这些平台。

★由高老庄团队于 2005 年年初在上海成立的田头批平台，主要经营种苗和农产品，构建了一个集研、产、供、销、孵化于一体的现代农业电子商务平台，能自主研发，可以实现特优种植和自产自销。目前，该平台拥有 26 亩研发种植基地，26 家合作社，其中一家合作社一年的经营品种就多达 80～90 个，销售总额达千万元。

★由克胜集团在 2014 年成立的龙灯电商平台，主要经营农药，构建了一个面向大农户、合作社，为其提供大规格产品，实行会员制度的经营模式。

★由辉丰股份、中国农药协会联合组建的农一网，成立于 2014 年 11 月 1 日，主要经营农药，构建了一种 B2B2C 模式，在农村建立了信息化的服务站，实现了县级工作站、乡镇服务专员和村级代购员的联合服务。2015 年 2 月，在农一网上线的企业达 40 多家，签约了 700 多个工作站，招募了 4000 多村级代购员，注册会员数量多达 10 万余人，日销售额达 100 万元。

★由九鼎投资、《农资与市场》杂志与 4 家涉农企业共建的精品汇，成立于 2015 年 5 月 15 日，主要经营农药，构建了一个农资众筹平台，对农户需求进行整合，向相关厂家进行定制，以大单量获取议价权，并向农户提供代打农业服务和植保服务。到 2015 年 5 月 25 日，上线 10 天，就有 727 个客户下单。

★于 2015 年 5 月 22 日上线的点豆平台，主要经营化肥、种子、农药、农机、农副产品，构建了一村一站的模式，对农产品输入、输出，农村物流，农村金融等产业链进行了整合。

（3）上市公司们的"互联网 + 农业"布局

受国家政策及农村电商市场巨大发展潜力的吸引，各上市公司纷纷参与进了"互联网 + 农业"的布局中：

> 阿里巴巴集团计划投资 100 亿元开展"一村一淘宝"计划；
>
> 京东、苏宁、乐视等巨头纷纷进入农业电商市场，布局互联网农业；
>
> 主营饲料和种子的大北农开发了农信云、农信商城、农信金融和智农通等平台；
>
> 主营饲料的新希望发布了一个名为"希望金融"的农业金融计划，于 2015 年 4 月上线，上线至今交易额超过了 200 万元；
>
> 主营缓控释肥的金正大拟投资 20 亿元建立农资商城；
>
> 主营化工产品和肥料的和邦股份拟投资 2 亿元建设一个为农户提供农业技术指导、农产品种植引导、农业金融及保险服务的电商平台；
>
> 主营化工产品的云天化建立了一个提供商，为产品、渠道、农化服务等各种问题提供解决方案；
>
> 主营化肥的芭田股份收购了金禾天，收集种植大数据；
>
> 主营复合肥、尿素的鲁西化工建立了鲁西商城；
>
> 主营商圈运营的人和商业收购了寿光地利，创建了一个农产品电商交易平台；
>
> 主营投资的联想控股在 2013 年推出了一个家沃品牌，在 2015 年投资了"云农场"；
>
> 主营地产综合的恒大在 2014 年投资了恒大粮油、畜牧和乳业等产业；
>
> 另外，金新农、唐人神、雏鹰牧场等纷纷开展了互联网业务。

由此可见，在"互联网 + 农业"领域，各上市公司的争抢十分激烈。

◆农业产品贸易现状

（1）B2B 农产品电商市场环境

从商户角度来说，在农产品各贸易主体中，小企业占 30%，个体占 70%。农产品种类不同、采购量不同、合作关系不同，其定价也不同，使得交易价格不透明。

从物流角度来说，冷链运送的基础设施不健全，菜品运送过程中的损耗达 20% ～ 30%，以每车货值 5000 元计算，损耗折合人民币 1000 ～ 1500 元。

从金融角度来说，县级、村镇的经销市场都能为用户提供赊销服务，时长为一个月，但目前，电商平台基本上没有赊销服务。另外，90% 的产地经销商有 10 万～ 50 万元的季节性融资需求；70% 的区域经销商有 50 万～ 200 万元的季节性融资需求。虽然，目前国家在农业贷款方面有许多政策支持，但是由于缺乏房产抵押，不具备银行授信的准入条件，无法获取贷款。

（2）B2B 食材供应平台现状

B2B 食材供应平台的主要业务是给餐厅提供食材的配送服务，通过整合各个餐厅的需求来进行集中采购，从而获得议价权，为餐厅提供低成本、高质量的食材。目前，比较有名的 B2B 食材供应平台有美菜网（如图 4-5 所示）、大厨网、菜筐子（如图 4-6 所示）等，各平台之间的竞争非常激烈，且存在严重的违规操作现象，如刷单等。

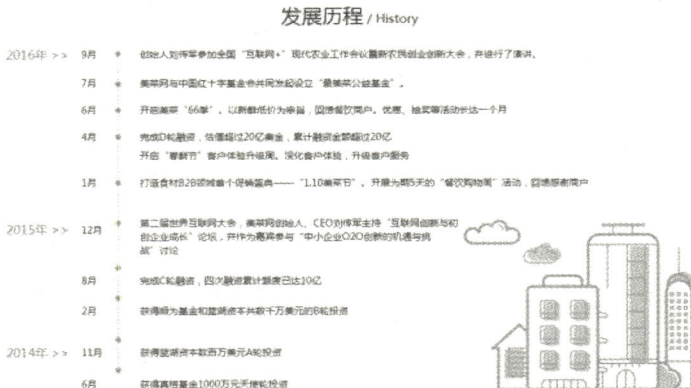

图 4-5　美菜网发展历程示例

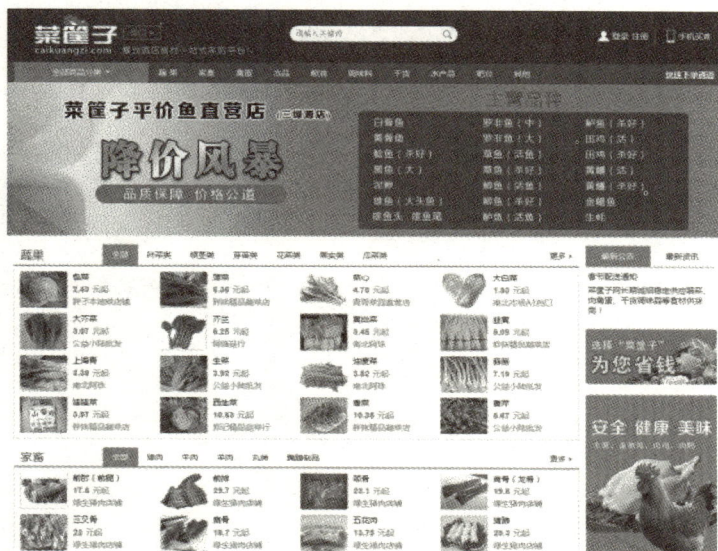

图 4-6　菜筐子

从传统的食材采购、配送角度对其特点进行分析：食材采购价格不透明，质量不能把控；规模小的餐厅采购量也小，不能进行议价；需要配备专人、专车进行采购，耗费的成本高；传统的配送方式每天可以为 7 ～ 8 家餐厅服务，月利润为 1 万～ 3 万元，并且可以为餐厅提供为期一个月的赊销服务。

B2B 食材供应平台的出现解决了传统食材配送过程中的许多难题。在食材的采购和配送方面：首先，平台会对上千家餐厅的食材需求进行汇总，这个汇总会在固定时间之前结束；其次，采购员会根据汇总之后的需求进行采购，将采购得到的商品送到分拣中心；最后，分拨人员会对菜品进行分拨、打包，送往各餐厅，这个配送过程会在早高峰之前结束。如此既有效地解决了中小餐厅采购食材不能议价的难题，也有效地保证了菜品质量。

在退换货方面，如果某个餐厅需要退货或者换货，附近的平台能及时地为其提供相应的服务，将其流失率控制在 5% 以内。

但 B2B 食材供应平台在为食材供应带来诸多优势的同时，也存在一些问题：在仓储物流方面，一个 B2B 食材供应平台为 1000 家餐厅提供配送服务至少需要一个面积为 5000 平方米的仓库，年租金大约为 150 万元，这对于平台来说是一个不小的负担；同时，以一辆金杯车可以为 10～15 家餐厅送货来说，要为 1000 家餐厅提供配送服务至少需要 67 辆车，以每辆车上的货物价值 5000～10000 元来算，这对于平台来说，需要承担的配送风险也很大；而且，在赊销服务方面，目前大部分 B2B 食材供应平台都不能为餐厅提供赊销服务，在这方面完全没有与传统配送商竞争的优势。

04 从农业产业链看 B2B 电商平台

◆ 农业 B2B 电商产业链

要对农业 B2B 电商的总体运营模式有所把握，第一步需要做的是清楚农业 B2B 电商产业链的分布情况。农业 B2B 电商自上而下的 3 个重要组成部分：产业链上游、产业链核心以及产业链下游。

农业种植与养殖为主导的农产品生产即为农业 B2B 电商的产业链核心部分，它位于整个产业链的中间环节，以该环节的运营为基础，纵向拓展，最终形成整条产业链，但不包含与各环节中与终端消费者相关的业务运营。农业 B2B 电商在纵向拓展的同时，也在横向不断向外延伸，在这个维度的业务运营主要涵盖产品物流、仓储及供应链相关的金融类业务，与此同时，生态旅游近年来的迅速发展得到业内人士的普遍认可，农业 B2B 电商也将这种业务模式纳入到自身发展的范畴。这横向延伸的四种业务类型跨越了产业链运营的整个过程。

农业 B2B 电商生态体系在纵、横两个方向的业务拓展及运营过程中逐渐建立起来，为了进一步完善整个生态体系，要注重不同环节之间的协同运作，在整个行业发展过程中，还要保证货物配送、不同经营者之间的合作关系达成、资本周转、不同环节之间的信息流通、人才交流及协作，从各个方面为建立农业 B2B 电商运营的完整闭环体系而努力。

目前互联网与农业的结合发展还处在探索时期，农业 B2B 电商也刚刚兴起，不过，该领域的发展速度之快是许多行业无法比拟的，其向好态势也吸引了众多投资者的关注。以大北农、金正大为代表的传统农业企业开始进军 B2B 领域；以乐视、阿里、京东为代表的传统互联网企业纷纷在农业 B2B 领域展开布局；除此之外，在初始阶段就聚焦于农业 B2B 的初创企业也越来越多地涌现在国内市场上。

纵观现阶段农业 B2B 电商的总体发展情况，轻模式运营是该领域内的大部分企业的特征，很多传统企业也是为了改变以往的重模式运营才寻求转型与变革的。如今的农业 B2B 电商仍存在巨大的开发余地，虽然其产业链上所有环节都已经聚集了诸多企业，但目前仍无法保证它们采取的模式是否能够维持其正常发展。农业 B2B 电商仍然蕴藏着巨大的发展潜力，且在短时间内不会产生太大的变化。

◆国内初创型农业 B2B 电商平台

从农业 B2B 电商产业链构成体系来看，土地资源及农业生产资料共同组成上游部分，农产品生产及加工为中游环节，下游企业则以产品流通为主。在这里，我们以农业 B2B 电商的主导业务为主要参考依据，分析不同平台在产业链中的布局。

在产业链分布方面，产品流通是农业 B2B 电商平台布局最多的环节。进入 2014 年后，位于农业 B2B 电商产业链末端的产品配送环节聚集了众多初创公司，且大部分以生鲜类产品的配送为主，但进行海产品配送的企业仅限于少数。这类企业多通过平台运营进行交易撮合，以轻模式为特征，在其后续的发展过程中，是否会逐渐转向重模式，目前还无法做出准确的判断。

接下来，根据农业电商近年来的融资情况，对得到投资支持的电商平台的发展及其在产业链中的影响进行分析。

目前，我国农业 B2B 电商平台中，聚集在产业链末端的产品配送环节的企业对投资者的吸引力更大一些。出现这种情况的原因在于，该环节的企业在运营过程中无需承担太大的风险，能够在短时间内回笼资金，因而，有相当一部分进行农产配送的 B2B 企业在早期发展阶段就实现了盈利，能够为企业的后续运营提供足够的资金。

在模式采用方面，很多电商平台以撮合交易为主，在生产者与消费者之间搭建桥梁，而非生产或制造农产品。因此，该类型的大部分企业都实施轻模式运营。

◆国内农业 B2B 电商玩家群像

（1）土流网：采用 58 同城与链家相结合的运营模式

"土流网"在 2009 年 3 月上线，是针对农村土地流转的信息服务平台，为土地转让方及接收方提供相应的服务，且企业在其用户群体中居于主体地位。该平台在 2014 年年底成功进行首轮融资，上海盛大投资 5000 万元。"土流网"将线上服务及线下运营结合起来，类似于 58 同城与链家的结合体，如图 4-7 所示。

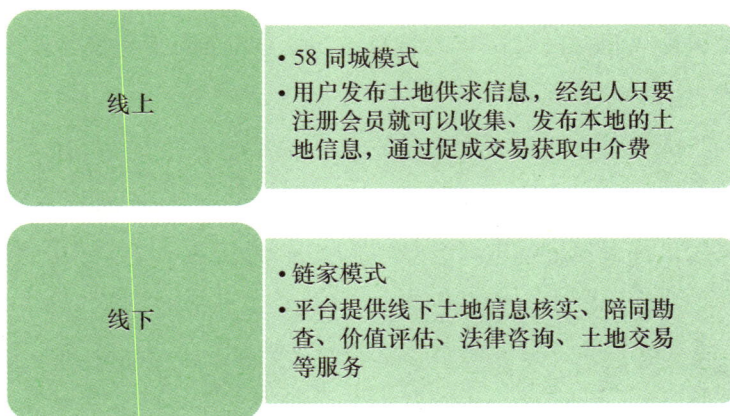

线上	• 58 同城模式 • 用户发布土地供求信息，经纪人只要注册会员就可以收集、发布本地的土地信息，通过促成交易获取中介费
线下	• 链家模式 • 平台提供线下土地信息核实、陪同勘查、价值评估、法律咨询、土地交易等服务

图 4-7 "土流网"的运营模式

"58 同城"作为信息分类网站，其平台运营以信息整合及发布为主，"土流网"的线上运营与其存在共性，将土地流转的相关信息呈现在网站中，其信息来源主要是靠土地所有者的信息上传。

其线下运营则靠专业团队，具体而言，该平台配备了土地经纪人团队，其成员经过专业培训之后，被派遣到土地资源丰富的农村地区主动联系有转让需求的土地所有者，而且，经纪人团队会对信息提供方的土地拥有状况，以及需求方的意图进行审核，降低双方交易的风险，该平台在这方面同链家网之间存在共性。

凭借谨慎的运营及长时间的稳定发展，"土流网"的影响力不断提高，其业务规模也逐渐壮大。

（2）俺有田：农产品的交易平台

"俺有田"电商平台的运营以农产品流通业务为主，为商家之间的交易提供服务，如图 4-8 所示，于 2015 年 9 月开始投入运营。到 2015 年年底，该网站与上千家商超达成合作关系，上海的合作商占据其中的 10%，总体成交数量达 1000 万元以上。到 2015 年年底，该平台的用户规模达 5 万多，日活跃用户接近 2 万。在提供服务的过程中，小规模商超在其客户群体中占据重要的位置。"俺有田"于 2015 年 5 月进行了天使轮融资，资金规模达 500 万。

汇聚 ➡ 优选 ➡ 服务 ➡ 对接

图 4-8　"俺有田"平台的服务步骤

该平台在面向关键客户进行农产品对接时，与客户在收费方面达成协议，在每月结算时，从交易额中抽取一定比例的分成。平台在采购商品时，派遣工作人员收集商家的需求信息，并进行低价供应，允许客户以团购方式预定部分产品种类，并推出限量产品，扩大产品的交易规模。

平台会在分析商家特点的基础上采用相应的合作策略，实现多种产品的直供，制定符合商家要求的产品规格，提高整体产品质量，与商家达成长期稳定的合作关系。

（3）云农场："一体、两翼、多羽"模式

中国现代农场联盟、北京天辰云农场合作打造的农资交易平台"云农场"采用 B2B 模式，于 2014 年 2 月正式投入运营，到 2015 年 12 月，该平台的总体用户规模已达 2000 万，并在我国十多个省开展业务。

为了提供专业化的服务，云农场组建了由 600 个人构成的团队，其中不乏取得高学历的成员，而且，平台为了不断完善自身的服务体系，并加强领先技术的应用，与农业技术、大数据、法律等多个领域的专业人士达成合作关系，为其运营提供指导。

该平台在发展的过程中，依据具体作用的不同对主导业务进行了划分，并独创"一体、两翼、多羽"的运营模式。所谓"一体"即农业商城，为农业生产提供相关服务；"两翼"即分布在县城与农村地区的配肥站与服务中心；"多羽"即与农业服务相关的多个线上平台，以"农技通""云农宝"为代表，为农业发展提供金融、技术等方面的支持。

云农场在运营网络平台的同时，通过线下的产品流通及其他业务的开展，最终建立起农业服务的综合型平台。

（4）美菜网：农产品 B2B 的重模式

北京云杉世界信息技术有限公司旗下的"美菜网"电商平台采用 B2B 模式，聚焦于果蔬及农产品的运营，创建于 2014 年 6 月，在发展初期便成功进行千万元级的天使轮融资，并于 2015 年 9 月完成第三轮融资，至此，其总体融资规模已达 10 亿元。

在具体运营的过程中，美菜网自身并不进行果蔬及农产品的生产，而是在源产地的产品供应与餐桌终端的消费环节之间搭建桥梁，方便餐饮类企业直接联系产品供应方，改变传统模式下农产品流通过程中需要经过层层中间商才能对接需求方的局面，有效提升经营者的利润空间。

而且，美菜网的运营模式偏重独立进行产品采购，负责产品存储及物流环节。该平台通过实现农产品供应方及需求方之间的对接，能够有效避

免生产者的利益损失。

05　农业 B2B 电商面临的问题与趋势

◆农业 B2B 电商所面临的问题

农业 B2B 电商的发展，体现出"互联网 +"在农业领域的渗透，位于产业链不同环节的企业通过网络平台的运营相互协作，实现生产者与消费者之间的信息传递、产品流通及最终交易，但在具体的运营过程中，仍然存在多项阻力，集中体现为以下 7 点：

★农产品缺乏统一标准及规格；

★位于产业链不同环节的企业之间无法实现信息的有效匹配；

★农产品生产及销售相关的设施尚待建设；

★针对农产品配送的冷链物流建设尚不完善；

★农产品运营仍集中于线下，在向网络平台迁移时遇到诸多阻力；

★目前我国农产业 B2B 电商的发展还在探索阶段；

★农业 B2B 电商的专业人才存在严重短板。

对这些阻碍性因素进行详细分析，是由于农产品存在鲜明的个性化特点，很难设定统一的规格，不利于农业 B2B 电商平台的运营趋向于规模化；农业电商平台需要注重控制供应链各环节，但现实的情况是仍然有很多经销商通过掌握更多信息使自己在交易中占据优势地位，由此出现的利益垄断、产品供给与实际需求之间的脱节等问题。以上这些都给该领域的整体发展带来了负面影响。

另外，企业在农业 B2B 电商领域，特别是交易过程中占据主体地位，从这个角度来说，应该注重农产品的存储及配送服务，然而，在现阶段与农产品运输息息相关的冷链物流建设并不完善，即使有足够的条件，也要考虑企业为此付出的巨大成本消耗，据悉，因储存条件的限制导致的农产品损失可达 800 亿元 / 年，其中，果蔬类易腐烂的产品种类表现得尤为明显。

此外，我国农业拥有悠久的发展历史，在长期发展过程中形成了许多习惯性的运营模式，线下渠道已经成为多种农产品的默认交易方式，对农业 B2B 电商企业而言，要将人们已经习惯的线下交易迁移至网络平台，无疑面临很大的挑战。为此，企业需着重突出线上交易的优势，并鼓励经营者大胆尝试新模式。农业 B2B 电商领域的巨大发展潜力吸引了众多实力型互联网企业及新兴企业，但需要承认的是，这些企业仍然在不断探索之中，至今尚未推出经得起市场考验的商业模式，无论是其目标市场、运营方式，还是营销方面，都等待更多的尝试与验证。

无论哪一个行业的发展，都离不开优秀人才的作用，农业电商也不例外。企业要想取得理想的效果，就要组建专业的人才队伍，负责战略方案的出台、实施及后期监测等。虽然我国近年来迅速崛起的新农人群体，在一定程度上填补了农业 B2B 电商领域的人力资源空白，但相对于该行业的庞大规模来说，这些人才是远远不够的。国内电商行业仍需吸纳约 150 万人，农村电商的人才短板尤为突出。对农业电商 B2B 企业而言，要加大对人才培养的投资力度，通过专业培训提高人才质量，更好地服务企业自身的发展。

◆ 农业 B2B 电商的发展趋势

随着互联网在农业领域的渗透作用不断加强，农业 B2B 电商的运营加快了农产品的流通速度，农民可通过农产品的销售获得更多的收入。农业 B2B 电商的产业链经过一系列的改革与升级，会依托网络平台的优势力量，逐渐形成完整的交易闭环体系，如图 4-9 所示，为农产品生产者、消费端企业及配送企业提供一体化解决方案。

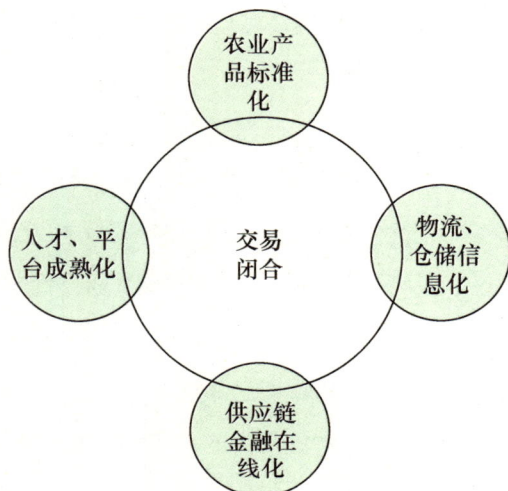

图 4-9　农业 B2B 电商的发展趋势

　　在农业 B2B 电商完整交易体系逐渐成形的同时，该行业产业链系统的发展也越来越趋向于生态体系的建设。

　　从目前我国农业 B2B 电商的总体发展情况来看，尽管我国农业 B2B 电商的发展还不成熟，但在产业链各个环节都聚集了一批企业。随着该领域的不断发展，智慧农业与生态融合将成为农业电商前进的重要标志，如上所述，农业电商 B2B 的产业链也在向生态化方向迈进，产业链开端的农业生产资料及土地资源的运营、中间环节的产品生产以及末端的产品配送将逐渐突破各自的界限，成为一体。在此期间，农业 B2B 电商领域的产品、应用及技术作为生态体系的组成部分，也将实现一体化运营。

06　国外农业电商平台的实践与启示

　　相对而言，发达国家接触互联网的时间较早，农业电商的发展也较为成熟，以美国、英国、日本、韩国为代表的这些国家，其农业电商发展方向基本有两个：一个是资讯服务，另一个是交易平台。我国农业电商要想得到更好的发展，就要以我国国情为基础，吸收借鉴国外的有益成果。

◆美国农业电商概况

美国农业电商的发展时间较早，以 Local Harvest、Farmigo、Dairy 等为的代表，主要为农户提供信息、财务管理、采购和农产品销售等服务。美国农业电商的发展也历经了初始发展、泡沫时期、稳定发展和多领域发展 4 个阶段。2011 年，美国初级农产品的电商交易规模达 108.85 亿元；2012 年，美国食物及饮料等产品的交易额达 90 亿美元。

据调查，美国农民在电商平台购买的产品主要是机械设备、饲料、生产资料等，其中生产资料占购买总量的 35%。在网上交易产生的总销售额中，畜产品占了 66%，农产品占了 34%。

此外，与社区化运营相结合的方式是美国农业电商普遍采用的方式，2008 年时，采用此种模式的农场数量就已经超过 1.3 万个，如今更是遍布全美。

◆英国农业电商概况

英国最早的农业电商是成立于 1966 年的农场在线（www.farms.com），其服务的覆盖面比较广，能够为农户提供农产品交易服务、农机交易服务、金融服务、资讯服务和天气服务等，是欧洲非常具有代表性的农业电子商务网站。

如今，英国最大的农产品电子商务网站是 www.ocado.com，它为人们提供网上下单至食物直接送到餐桌上的服务。此外，还有一些农业电商平台，如 www.Foodtrader.com，www.DirectAg.com，www.Agribuys.com 等。

◆日本农业电商概况

日本农业电商的发展得益于日本政府于 2000 年制定的农业信息化战略，该战略旨在促进农产品的流通，缩小农村和城市之间的差距。

该战略规定了农产品订货、配送、结算的相关标准，并改造了批发市场上的电子交易系统。在此基础上，形成了很多农产品电子交易所、大型综合网上交易市场、农产品网上商店、综合性网上超市等电商平台，推动了日本农业电商的发展。

◆韩国农业电商概况

相对来说，韩国农业电商的发起时间较晚，但是成就却不小。

韩国政府在推动农业电商发展做出了许多努力，其中，如农林水产信息中心为农民免费提供电商技能培训服务，农民可以将自己的产品信息发布在主页上，与需求方直接联系，就交易细节进行洽谈协商。韩国农业电商取得的成就如下：

2004 年，韩国出现了 5 个较为有影响力的电商；

2006 年，韩国电商交易总额达 20 亿韩元；

2008 年，韩国饮料及农产品、水产品的网络交易总额达 1.5020 亿韩元，占网络交易总额的 8.3%；

2009 年，由韩国政府打造的农产品电子交易所上线，成为目前韩国农产品交易量最大的电商平台。

目前，在韩国最有名的一个 B2C 农业电商平台是 Kgfarm，在这个平台上，消费者可以获取很多农产品的信息，并达成交易。Kgfarm 平台的运营模式有 3 种，分别是：政府运营、政府委托公共机构运营和民营。在这 3 种运营模式中，政府运营因经验不足惨败；政府委托公共机构运营效果不佳；民营却因经验丰富取得了不错的效果。

通过分析以上 4 个国家的农业电商发展情况可以得知：**农业电商要想发展离不开几大因素，如国家政策的扶持、良好的网络环境、高质量的产品、优质的服务、合理的价值分配等。同时，发展起来的电商要想持续发展，就要掌握丰富的经验，要有明确的市场定位，并具备灵活的市场应变能力。**总之，农业电商要发展，离不开外部环境及政策的支持，也离不开内部经验的支撑。

第 5 章

农产品 B2C 电商：
开启农业经济 3.0 时代

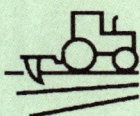

01 农业 3.0 模式：构建新型农业体系

在农业 1.0 时代，其营销模式属于分散的购销式；在农业 2.0 时代，其营销模式发展成为网上的中介式。如今，随着互联网、物联网等信息技术的发展，我国农业进入了 3.0 阶段，一种订单式的销售模式正在形成。下面，我们就对这种模式进行分析，探究 3.0 时代农业的变革。

◆ 农业 3.0 模式

农业 3.0 模式从本质上讲就是"按需定制模式"，具体来讲，就是一种以农产品为纽带，借助物联网、互联网等新型信息技术，将农业生产、农产品流通、农产品交易和农业金融等农业生产要素融合在一起推行按需定制的销售模式。

简单来说，在农业 3.0 模式下，产品从生产阶段开始就实现了与需求的对接，完成了农业产业范畴中实体经济和虚拟经济的互交互融，系统、

整体、颠覆式地对传统的农业产业链进行了重塑。

这种销售模式在互联网技术的作用下，从生产阶段就实现了产品与需求的对接，打破了由于信息不对称造成的贸易壁垒，为农产品的生产和交易创造了很好的条件，同时还构建起一种责任追溯机制，为生产者追溯产品质量、对消费者负责提供了便利。并且，在农业 3.0 模式的推广应用下，我国农业产业中的农业经济要素和经济动力将彻底完成重构，我国的农业产业将实现全面升级。

众多周知，农业是我国的第一产业，是国民经济的基础。但是，目前我国的农业生产面临着种种困境，制约了其发展。首先，我国农业的生产效率较低，农民迫于生存问题逐渐放弃耕种，使得大片的土地荒废，增加了耕地红线的压力，使我国的粮食安全问题越来越严重。其次，世界主要的几个产粮大国加强了对粮食出口的干预，将"粮食"打造成武器，对我国形成了新的牵制。

在这样的背景下，农业 3.0 模式无疑为我国农业的发展开辟了一条新的路径，那么该如何利用这种路径提升我国农业的竞争力，推动农业的全面升级呢？这个问题不仅涉及我国亿万农民的生存与发展，而且与我国未来的整体发展规划息息相关。

◆农业 3.0 模式引发的农业变革

毋庸置疑，农业 3.0 模式是借助互联网兴起的一种农业模式，它对互联网的应用是整体化、系统性的，而不是碎片化、叠加式的。

首先，农业 3.0 模式对互联网的应用是整体化的，而不是碎片化的。具体解释就是**农业 3.0 模式不是简单地将互联网技术附加在农业生产上的，而是以生产为切入点，在互联网技术的支撑下构建起的一种新的农业经济组织模式，推动了农业全产业链的升级和发展。**

其次，农业 3.0 模式对互联网的应用是系统性的，而不是叠加式的。具体解释就是**农业 3.0 模式不是简单地应用互联网技术，而是借助互联网对**

其经济组织模式的改造，对其生产经营流程的改造，是在信息技术的支撑下构建起来的一个农业生态体系。在该生态体系基础上形成的农业 3.0 模式促使农业生产的各个环节发生了变革，如图 5-1 所示。

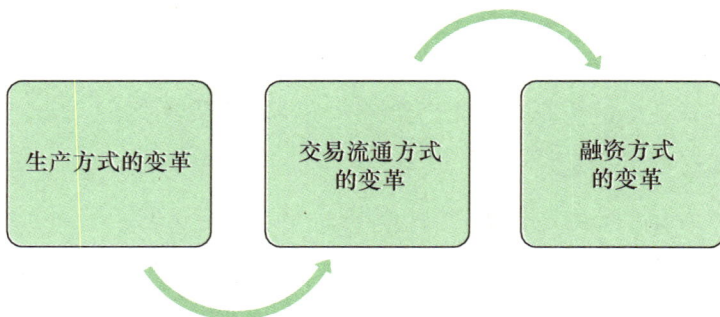

图 5-1　农业 3.0 模式引发的农业变革

（1）生产方式的变革

在农业 1.0 模式下，农业生产属于个体小农经济，主要依靠劳动力进行生产；在农业 2.0 模式下，农业生产属于规模化经济，主要依靠机械从事生产；在农业 3.0 模式下，农业经济发展从依靠生产力朝着依靠资本、依靠科技转变，实现了生产要素的结构升级，主要依靠信息化从事生产，其中智能化信息技术是关键。

（2）交易流通方式的变革

在农业 1.0 模式下，农产品的交易流通方式是分散的购销，其特征为终端销售。在这种销售模式下，产品流通过程为生产者——终端商——消费者。消费者对农产品的诉求只能先反馈给终端商，再由终端商反馈给生产者，这种信息反馈的方法具有滞后性和分散性，传达到生产者的时候往往已经不完整了。因此，生产者很难根据这些信息从事生产，只能依凭"经验"做出决策。

在农业 2.0 模式下，农产品的交易流通模式是网上中介式，其特征为实现了农产品的空间转移。这种方式看似是取消了终端商这个中间环节，借助网络渠道将产品直接推荐给消费者，但实际上依然没有实现生产者和消费者的直接对接。并且，在这种销售模式下，生产者的盈利空间被压缩了。

在农业 3.0 模式下，农产品的交易流通模式是供应链订单式，其特征为实现了农产品的按需定制。该模式借助互联网技术实现了生产者和消费者的直接对接，这种对接从生产环节就开始了，彻底打破了由于信息不对称造成的贸易壁垒，为农产品的生产和交易保驾护航。并且还构建起了完整的责任追溯机制，为生产者追责农产品质量、对消费者负责提供了有效保障。

（3）融资方式的变革

在众多制约我国农业发展的因素中，农业金融服务的不完善是一大关键因素。在农业 1.0 和 2.0 模式下，农民没有固定资本做抵押、缺乏担保人、资金实力较弱，受到这些因素的影响，农民想获取银行贷款是非常困难的，这制约了农业的发展。

在农业 3.0 模式下，以国家对土地制度系统性创新和重构农村金融体系为基础，在未来国家土地银行的大力支持下，借助互联网金融，我国农业发展获得了较为完善的金融服务，为我国农业发展提供了有效的资金支持。

综上所述，在农业 3.0 模式下，我国农业产业必将实现战略性重构和农业经济要素的重构，以结构升级带动消费升级，促使农业经济动力实现重构，推动国家对农业的补贴方法发生改变，推动农业投资模式实现重构，最终实现我国农业的全面升级。

具体来说，在农业 3.0 模式下，消费者提出个性化的消费需求，生产者满足这种需求，从而推动农产品实现升级发展。再加之互联网、物联网等新技术的加入，使得农业生产在经济活动层面上实现了升级。在这些作用下，我国农业终将完成从劳动密集型到技术密集型、资本密集型的转变。

从这一层面上讲，农业 3.0 模式之所以备受瞩目的关键在于它实现了按需定制。在该模式下，生产者和消费者实现了直接对接，为农业生产的转型发展提供了强大的动力支持，为我国农业经济动能的重构产生了积极的推动作用。

◆ 农业 3.0 模式的推行应用

农业 3.0 模式对我国农业经济的发展有如此巨大的推动作用，势必要在全国范围内推广应用。要想做到这一点，不仅要促进农业生产力全面提升，还要推进体制改革的实现，破除现有土地制度及农业生产组织方式对农业转型发展的束缚，出台一套新型土地制度为农业 3.0 模式的推广应用保驾护航。当然，这个新型的土地制度必须是符合国情的、系统完整的、为国人所接受的。

为了构建新型的农业产业体系，农业必将借助市场来完成资源配置、拉动消费需求，并以此获取有用的支撑因素；农产品也会因为其自身具备的健康、安全等属性获得高附加值，获得高溢价。在这样的情况下，农业将吸引越来越多的社会资本，国家也会因此改变"输血型"的投资模式，向"造血模式"改变，从而实现农业产业体系的重构。

为了促使农业 3.0 模式得到更好的推广，可以先选择一些省市作为首推地，如黑龙江。黑龙江是东北主产区，无论是耕地面积还是粮食产量都居于首位。目前，黑龙江的农业生产尚处于 2.0 阶段，为了推动其升级发展，可以大胆地推行农业 3.0 模式，以改进其农业发展的基础条件，提升其发展水平，刺激其发展活力。

此外，为了使农业 3.0 模式得到更好的发展，还要加快深层次的体制改革。虽然我们已经明确了农业 3.0 模式对我国农业发展具有巨大推动作用，也明确了农业 3.0 模式是我国农业发展的大势所趋。但是，就目前而言，我国农业还处于"改造 1.0、普及 2.0、示范 3.0"阶段。为了推动农业 3.0 模式更好地发展，要尽快改造现有的土地制度，重塑现有的农业生产组织方式，结合我国国情推出一套系统、完整的新型土地制度。

总之，农业 3.0 模式对我国农业产业的发展带来了重大的变革，其推广应用不能一蹴而就，需要循序渐进。但毋庸置疑的一点是，未来，我国的农业产业必将是农业 3.0 模式的天下。

02　农产品 B2C 电商的 5 个制约因素

互联网的不断发展、普及，推动了电子商务模式在各个领域中的应用。经过十几年的快速发展，我国的电子商务规模不断扩大，已成为国民经济和社会发展的重要推动力量，并成功培养了广大民众的线上消费习惯。

电子商务整体生态的发展成熟及其在众多行业中展现出的巨大价值，推动了最传统的农产品领域与最现代的电子商务在新一轮商业模式变革中的不断融合，从而为我国发展现代化、信息化农业提供了新的思路和方向。

农产品电子商务通过先进、便捷、开放的农业信息服务平台，为农产品流通和交易提供了便捷、高效、低成本的渠道，解决了我国农业发展中"小农户与大市场"的矛盾，推动了农业生产与市场需求的精准高效对接，增加了农民的收入，推动了农业与农村经济结构的优化升级，提升了我国农业产业的国际竞争力。

根据不完全统计，当前我国农村电子商务网站超过 2000 家，涉农网站突破 6000 家；在农产品电子商务发展的路径上，也主要分为 B2B、B2C 和 C2C 三种模式。其中，B2B 农产品电子商务模式是主流，如阿里巴巴平台中的农产品电子商务、中粮网、中华粮网、中华商务网、中国粮食商情网、中国粮食贸易网等。

农产品 B2C 电商模式则处于探索调试阶段，仍有诸多问题有待解决。例如，2009 年广州地区的网上菜市场曾备受瞩目，涌现出众多 B2C 网上菜市平台，如好帮手、买菜网、谊万家等。不过，由于农产品 B2C 电商模式的发展面临着诸多问题，这些网站如今多已销声匿迹或改作他用。

同样，北京、上海、武汉、合肥等城市曾出现的网上蔬菜超市，也由于订单量不稳定（生意最好的时候一天能有四五十单，不好时甚至一天不到 10 个订单）、利润空间小、物流配送成本高等原因而难以长久维持下去。

农产品 B2C 电商是推动农业互联网化转型升级、构建农业现代化发展体系的重要力量。然而，虽然有政府的大力倡导，很多公司也投入了大量资源精力发展农产品 B2C 电商，但实际效果仍不尽如人意。

具体来看，制约农产品 B2C 电商发展的因素如图 5-2 所示。

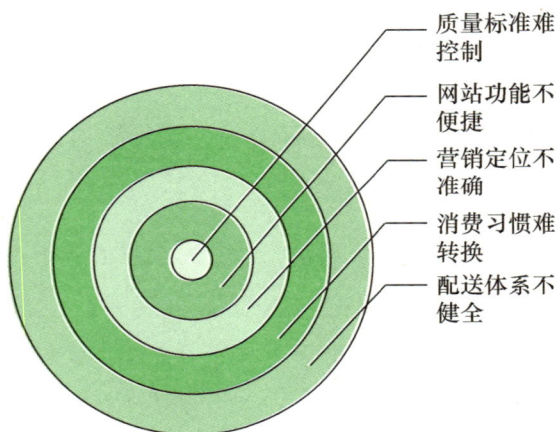

质量标准难控制
网站功能不便捷
营销定位不准确
消费习惯难转换
配送体系不健全

图 5-2 农产品 B2C 电商的 5 个制约因素

（1）质量标准难控制

网上交易的商品一般要具有标准化的质量体系，方便消费者鉴别判断。而在农产品领域，生产行为多是农户独立进行，组织分散、效率低下、加工能力弱、产业集约化程度不高，因此难以构建严格的质量标准体系；同时，即使是形成了无公害、绿色、有机等农业生产标准，农产品生产的分散化特点也会导致实际运营中难以严格按照质量标准进行生产。

质量标准难以把控，导致消费者在线上平台选择和购买农产品时始终担心食品安全问题，影响了农产品网上交易模式的发展。

2009 年 12 月上线的"菜管家"农产品 B2C 电商平台，在试运营阶段就曾遇到各种理由模糊的退货要求：有购买石榴的用户以同一箱子中石榴个头大小不同而要求退货；有买了冬枣的消费者以实物颜色与网页图片有偏差而要求退货。

（2）网站功能不便捷

用户的网站使用体验也是影响电子商务发展的重要因素。当前，大多数农产品 B2C 电商网站都存在着较多问题：在内容方面，过时信息较多，内容更新缓慢、时效性差，不能为用户及时提供最新的农产品信息；同时，外观设计、商品展示、购物流程引导、商品比较、交易安全和支付方式等网站功能方面也存在诸多问题，无法像其他领域优质的电子商务平台一样满足用户"货比三家"和一站式便捷购物的需求。

另外，很多网站的售后服务意识不到位，客户服务滞后，也影响了消费者对农产品 B2C 电商模式的认可。

（3）营销定位不准确

很多农产品 B2C 电商企业认为只要成立一个网站、将农产品摆放上去并设置相应的交易功能就可以了，因此在构建网站之时没有进行前期的市场调研与分析，导致产品和营销定位不准确，影响了网站的成功运行。

相反，少数几个比较成功的农产品 B2C 电商网站，则对目标市场和用户群体有着精准清晰的细分定位，多以具有较强消费能力、注重农产品质量、追求高品质生活的中高层消费群体为主。

同时，营销定位不清还容易导致农产品定价上的失误，如很多农产品 B2C 电商平台对农产品的定价都过高，从而弱化甚至消除了价格低廉这一电子商务模式的最大优势，失去了对消费者最具吸引力的特质。

（4）消费习惯难转换

这也是阻碍农产品 B2C 电商市场规模扩大的重要因素。当前网民的主体部分是年轻人，但年轻人又大多属于不愿意做饭的群体，因此在互联网消费中很少购买农产品。

作为农产品主要购买者的中老年群体，虽然近些年触网人数不断增多，但对于线上交易模式还存在较大顾虑，没有像年轻人那样养成网上购物的习惯。特别是对于农产品这类与身体健康密切相关的商品，中老年人更青睐能够触摸到实体、可以亲身体验的传统线下购物模式，而对于通过农产品 B2C 电商平台购买日常菜蔬的兴趣不大。

"上网的人不买菜，买菜的人不上网"，导致农产品 B2C 电商模式难以实现市场开拓和用户培育，严重阻碍了自身的发展。

（5）配送体系不健全

在电子商务模式中，商流、物流与信息流的相互匹配与协同是十分重要的。特别是电子商务全新的交易形态和流程，对物流配送体系提出了更高的要求，物流配送体验已成为人们互联网购物体验的重要内容。

农产品生产的季节性、周期性、地域性，以及产品笨重、易变质等特点，导致其在存储、加工和运输等方面都有着更高的特殊要求，需要投入大量的资金和人力打造高质量的保鲜与运输设备。

然而，当前我国多数农产品 B2C 电商平台都缺乏有效的物流配送体系的支撑，在农产品物流配送环节存在诸多问题，如配送理念不统一、不同物流环节难以协同、配送的社会化和专业化程度较低等。这些问题导致农产品物流成本过高，无法准确、安全、及时地送到消费者手中，从而影响了人们对农产品电子商务模式的整体消费体验。

O3 B2C 电商：重构农产品销售模式

随着我国电子商务的快速发展成熟，农业领域也越来越多地开始借助电子商务推动自身的跨越式成长。然而，作为农业领域最重要的农产品市场，却由于质量标准难以把控、网站功能不便捷、营销定位不明确、消费习惯难转换、配送系统不健全等多种因素的制约，严重阻碍了农产品 B2C 电商的发展，进而影响了整个农业系统的互联网化转型升级。

针对农产品 B2C 电商的发展困境，政府相关部门和企业需要从营造良好的发展氛围、推动标准化生产、丰富网站功能、开拓市场、教育用户、健全物流配送体系、优化营销策略等多角度发力，推动农产品 B2C 电商快速健康发展。

就目前的形势而言，构建 B2C 平台，发展农产品电商是可行的，但是，其具体的发展模式还需要探索。近年来，越来越多的企业进入了这一领域，为农产品电商的发展带来了更多的实用经验和有益的启示。

随着智能手机、iPad 等设备的普及应用，互联网、4G 网络和无线网络也获得了普及发展。截至 2016 年 6 月，我国互联网的普及率达到51.7%，比 2015 年年底增长了 1.3 个百分点；我国的网民规模 7.10 亿，比 2015 年年底新增网民 2132 万人，其中，手机网民规模达 6.56 亿，比2015 年年底新增 3656 万人；在中国网民中，农村网民规模为 1.91 亿，占比 26.9%。

2016 年 9 月 13 日，中国电子商务研究中心发布的《2016 年（上）中国电子商务市场数据监测报告》显示：截至 2016 年 6 月 30 日，中国电子商务交易总额达 10.5 万亿元，同比增长 37.6%，增幅 7.2%。其中，B2B 市场交易规模达 7.9 万亿元，网络零售市场交易规模达 2.3 万亿元。

这些数据表明，电商的潜在消费者——网民规模正在不断扩大，为电商的发展提供了无限的可能。如今，电商已经成为了新的经济增长点，不仅为 GDP 增长做出了巨大的贡献，还提供了很多就业机会，解决了很多失业人员就业问题。据《报告》显示，截至 2016 年 6 月 30 日，中国电子商务服务企业的直接从业人员超过了 285 万人，电子商务直接带动的就业人数超过 2100 万人，使我国的就业压力在很大程度上得到了缓解。

淘宝、京东等比较成功的 B2C 平台，一方面给商家带来了利润，另一方面也引领了消费潮流，积聚了大量的粉丝，拥有了扎实的消费基础。再加之农村网民规模扩大，使得农产品 B2C 电商发展条件更加成熟。

在人们的日常生活中，农产品属于必需品，蔬菜、面粉、米、豆类、肉、蛋、奶等都属于硬性消费品。与服装、饰品等弹性商品相比，农产品的消费更加稳定，在任何时期都不会出现很大的波动。

在我国农业发展的过程中，始终存在一个难题：农产品种类多、数量大、销路难。每逢瓜果成熟之际，我们总能看到：××县上百斤、上千斤的水果烂在地里；××县的××蔬菜几分钱、几毛钱贱卖处理的新闻。在看到这些新闻之时，我们总会为这些农民痛心，却始终没有解决之法。

而在"互联网＋时代"，**将互联网和农产品相连，构建 B2C 平台，让农产品的生产和销售实现无缝衔接，对解决农产品销路不畅的难题，革新农产品的销售方式，带给农民更多的利润，推动农业的创新发展有重大意义。**

近年来，在国家政府的扶持下，在各企业的积极尝试下，农产品 B2C 电商的发展有了初步进展，很多地区的电商平台都开始出现，如浙江地区的"E 农网"、厦门地区的"土巴巴"、上海地区的"菜管家"等。

但从整体上来看，农产品 B2C 电商的发展还处于萌芽阶段，主要表现出以下特点。

其一，在南方 B2C 电商发展较完善的地区，农产品 B2C 电商的发展也较快，对比来说，北方的农产品 B2C 电商发展就较为缓慢。东西部对比来说，东部地区的农产品 B2C 电商发展较快，西部地区发展较慢。

一句话概括就是地区发展不平衡。

其二，目前我国的农业信息化水平还不高，很多 B2C 电商平台都只能提供产品信息发布功能，没有将产、供、销彻底地对接起来，农产品 B2C 电商平台的作用没有彻底发挥。

04　发展农产品 B2C 电商的策略

国内电子商务整体生态的优化成熟、农业现代化发展中对解决"小农户与大市场"矛盾的迫切诉求，从内外部两个方面大大推动了农产品电子商务的快速发展。

针对农产品 B2C 电商在环境、生产、市场、物流等诸多方面的发展困境，政府和企业需要共同发力，从多种路径出发，有效推动该模式的合理、健康、快速发展，提升整体竞争力和生命力。

◆ 营造发展环境

农产品 B2C 电商的顺利发展，离不开政府的积极引导和有力支持，需要政府采取多种措施构建良好的产业发展环境。

★建立健全有关农产品电子商务交易的法律法规体系，营造良好的法律环境，使各种行为有法可依，从而保证农产品 B2C 电商交易的规范化、有序化。

★针对国内农产品电子商务的发展困境，提供明确的战略指引、有力的技术与经济政策支持，构建有利于农产品 B2C 电商快速健康发展的市场和制度环境。

★优化完善农业信息网络基础设施，提供农业信息等公共服务支持，并借助传统媒体与互联网新媒介的深度融合、优势互补，建立高效完善的信息服务网络，为农产品 B2C 电商的发展创造良好的网络信息环境。

★利用自身的宣传优势，加大对农产品电子商务模式的推广力度和深度，让农民、企业和大众对这一互联网商业形态有着更明确深刻的认知，从而转变农民观念、吸引更多企业参与到农产品电子商务领域，营造有利于农产品 B2C 电商发展的理念环境。

★通过政策引导、资金支持等多种方式，鼓励各类教育机构和职业培训机构加强对农产品电子商务人才的培养培训，从而为农产品 B2C 电商的快速发展提供有力的人力与人才支撑。

◆ 推动标准生产

当前，选择农产品 B2C 电商网站购买农产品的用户大多属于城市中的中高收入群体，这些消费者青睐安全、高品质的生活方式，因此在无公害标准、绿色标准、有机标准等农产品质量方面要求较高，这就需要推动农产品的标准化生产。

★规范农产品的生产、加工和流通环节，建立各类标准化系统，如产品品类和类别、质量等级、重要标准、包装规格、保鲜标准等，以此推动农产品 B2C 电商的健康有序发展。

★农产品 B2C 电商企业应积极与农产品龙头企业建立合作与联盟，以推动农产品的标准化生产。具体来看，作为农业产业化经营的主体，农产品龙头企业能够将分散的农户聚合起来实现集约化生产，从而对农药、化肥等生产资料使用和农产品生产、加工、运输等产业链各环节进行严格统一管理，实现农产品 B2C 电商平台中农产品质量标准化、等级化和农产品包装规范化。

◆ 丰富网站功能

农产品 B2C 电商网站建设对吸引和留存消费者、触发人们的购买行为有着重要影响。针对当前农产品 B2C 电商平台的问题，相关企业需要从便捷操作、打造特色等角度出发，丰富网站功能，为消费者提供便捷、高效、优质的线上购物体验。

★提供更加丰富、准确、多维的产品信息。在互联网交易形态中，人们主要根据网站展示的产品信息选择商品、做出购买决策，这就要求农产品 B2C 电商网站要从多维、立体的角度对产品进行更加精准的描述，使消费者能够更全面准确地比较商品性能和价格信息，做出更合理的消费选择和决策。

★优化平台交易流程，使消费者能够方便、快捷地完成购物。农产品 B2C 电商网站要从用户的角度出发，精心设计线上的购物流程，使用户只需根据详细的引导点击鼠标，就可以完成商品的选择和购买。特别是在农产品 B2C 电商目标消费群体多为中老年人的背景下，这种一站式、傻瓜式的购买流程对培育用户的线上消费习惯具有十分重要的意义。

★提升网站主页设计效果，通过吸引眼球的网站主页获取更多流量，并结合网站的其他功能将访问者培养为潜在用户，进而转化为实际消费用户和网站的粉丝用户。

◆培育消费群体

虽然我国的网民规模、网络普及率不断升高，电子商务的整体发展也较为成熟，但农产品在生产、加工、流通等价值链各环节的特殊性，使人们对农产品 B2C 电商模式充满疑虑，从而难以形成规模化的消费群体，导致企业无法有效拓展市场、实现成长式发展。

对此，农产品 B2C 电商企业应积极与政府部门、行业协会合作，借助传统媒体、网络平台等多种渠道，大力宣传、培育与电子商务有关的各种知识，使消费者对农产品 B2C 电商模式有着更清晰、明确、深入的了解，从而消除人们的顾虑，提高消费者的认可度和信任度。同时，还可以通过农产品 B2C 电商示范工程，让目标消费者亲身体验这一新型消费形态的优势和魅力，从而实现教育用户、开拓市场的目的。

此外，农产品 B2C 电商在培育消费群体时也不应局限于中高收入群体，而要延伸到更广泛的普通大众中，从而获取更多的潜在用户，实现潜在消费市场的开拓和培育。

◆健全物流体系

物流配送系统是互联网电子商务发展的重要支撑，对用户的整体消费体验有着重要影响。特别是农产品的特殊性使物流配送体系的建设对农产品 B2C 电商的发展更是关键的。因此，相关企业需要从以下 3 个方面发力，建立健全物流配送体系。

★通过自建物流强化物流配送及人员管理，以充分满足农产品运输在安全、保鲜、外观无破损等方面的特殊要求。

★积极与农产品流通服务企业合作，打造从农村到城市的现代化、信息化物流配送系统，实现农产品仓储、冷藏、加工、配送诸环节的一体化、高效化，从而提高产品包装质量和保鲜程度，及时、准确地将商品送达消费者手中。

★建立健全逆向物流管理机制，为用户提供高效、优质的退换货服务，从而获得消费者的认可和信任，塑造良好的网站形象。

◆升华营销策略

营销是指个人或群体为满足自身需求和欲望，与他人进行产品和价值交换的一种社会行为和管理过程。营销策略的合理性、针对性等对提高营销效果、实现营销目标具有重要的价值。

对农产品 B2C 电商而言，企业除了通过建立网站搭建出一个营销平台之外，还需要借助适宜的产品策略、价格策略、渠道策略、促销策略等多种营销策略，提升平台知名度和影响力，建立与消费者的强信任关系，培育和积累网站粉丝用户。

简单来看，农产品 B2C 电商企业可以通过以下路径构建更具合理性和针对性的综合营销策略。

★借助大数据、智能算法等互联网先进技术实现个性化、精准化营销，为消费者提供定制化的商品和服务，从而充分满足互联网时代越来越多的个性化、定制化、长尾化需求。

★借助互联网渠道、平台实现与消费者的高效、便捷沟通，通过良性交互机制及时获取用户的反馈信息，为优化经营策略、提升服务水平提供有效的数据支持和方向指引。

★以服务设计理念为指导打造全流程服务系统，及时回应和解决消费者购买、使用过程中的任何疑问，为用户提供售前、售中、售后的一体化优质服务。

★深度服务，如邀请营养师、厨师、保健师等专业技术人员向消费者普及健康饮食知识，提供更多附加价值，从而增强消费者对企业的认可度和信任度，培育核心粉丝用户。

05　7 号生活馆：探索农产品电商之路

下面以 7 号生活馆为例对农产品 B2C 电商平台进行探究。

2012 年 6 月 6 日，7 号生活馆开业，这个由武汉黄陂新辰食品公司推出的生鲜蔬菜社区便民店项目，采用"电子商务＋社区实体店"连锁经营的模式，一开业就成立了 4 个站点，积聚了大批用户。

7 号生活馆是新辰公司为响应政府的菜篮子工程创办的，旨在缩短农产品和消费者之间的距离，实现零距离流通，构建"生鲜产品，一点到家"

的服务模式，努力让市民花最少的钱享受到最高品质的舌尖上的享受。

◆ 四维解读 7 号生活馆

7 号生活馆可以说是农产品电子商务发展过程中的一次新尝试，给农产品 B2C 电商平台的构建和发展能带来很多有益的思考。下面我们就从产品供应链、电商网络平台、物流运输、产品消费人群 4 个层面对其进行分析。

（1）7 号生活馆的产品供应链

7 号生活馆为市民供应的产品来源主要有两个，一是其自有生产基地，二是与农户合作的订单基地。基地生产蔬菜瓜果，7 号生活馆为其提供运输配送服务，不用经商贩之手就能将产品直接送到市民手中，降低了产品的零售价格，同时也为市民提供了更放心的产品。同时，在其自有的生产基地中，还能做一些蔬菜瓜果等农产品的研发工作，生产一些特有的蔬菜。

在此基础上，7 号生活馆构建了一个将种植、加工、储藏、销售、冷链配送、生鲜超市、净菜服务连接在一起的产品供应链，为市民提供更加便捷、优质、安全放心的服务。

（2）7 号生活馆的电子商务网络平台

7 号生活馆的电商网络平台以蔬菜、海产、水果、蛋类、肉类、禽类、豆制品、速冻食品等产品为经营对象，并辅之以酒水、粮油、干货、调味料等产品，在很大程度上实现了经营产品的多元化，尽量为市民提供一站式购物服务。

该平台的运作模式：市民在平台网站上下单，基地负责产品的加工、储存、运输，专业人员对其进行抽样检查，以保证产品质量。市民可以选择送货上门服务，也可以在各个社区的服务店自取，极大地方便了市民的生活。

（3）7 号生活馆的物流运输

对于农产品来说，其销售难问题最大的原因就是运输难。很多新鲜蔬菜的保质期都很短，对运输的要求也非常高，一旦在运输环节出现一点问题，就会使农产品的质量严重受损。为此，7 号生活馆斥巨资建立了一套完善的物流体系，建设了体积非常大的低温仓库，并配备了多辆冷藏配送车，全程冷链运输，有效地保证了农产品的质量。

（4）7 号生活馆的产品消费人群

7 号生活馆的每一类产品都有特定的消费人群，如生鲜蔬菜主要为广大市民服务，让市民能以较低的价格获得更为安全、优质的产品；只需解冻或者简单加工就能食用的速冻菜肴主要为白领群体服务，解决其没有时间买菜、做饭的问题。

◆ 7 号生活馆的启示

（1）以产区为中心向周边辐射，实现产业化经营

受农产品保鲜期较短的影响，即便全程冷链配送，农产品的运输距离也不能太远，否则就会使农产品的质量受损。7 号生活馆为了解决这个问题，通过土地流转、与农户签订订单等方式在周边拥有了大规模的生产基地和订单基地，以基地为中心服务于周边地区的市民。

7 号生活馆的这种服务模式，我国其他地区也应借鉴。我国国土面积大，东南西北的跨度很大，各个地区都有自己的商品粮基地，例如，东北地区拥有松嫩平原、三江平原等商品粮基地；黄河中下游地区拥有渭河平原、华北平原等商品粮基地；长江中下游地区拥有洞庭湖平原、江汉平原、鄱阳湖平原等商品粮基地。各地区完全可以以这些商品粮基地为中心，划分片区，通过土地经营权流转等方式将农户手中的小块土地集中起来，发展产业化经营，向周边辐射，借助互联网平台发展区域性的农产品电商。

（2）以优质的产品和服务吸引客户体验与尝试

目前，经常逛菜市场的人群还是以四五十岁的中年人为主，这类人群受到传统农产品购买习惯的影响，不愿意使用农产品电商平台这种新兴工具。

因此，在这个阶段，农产品电商平台要发展，就要采取一系列措施吸引消费者的注意，吸引消费者来尝试购买。同时，电商平台的服务人员要

为其提供优质的服务，以转变消费者的购物习惯，为电商平台积聚大量的消费人群，从而推动农产品电商平台的发展。

（3）要实现产供销对接的运作模式

目前，大部分农产品电商平台都有一个普遍的问题：平台只能提供一些农产品信息，不能将生产、运输和销售对接起来，无法体现农产品电商的优势。

但是对于农产品电商平台来说，产供销对接是其最大的优势，也是其最终的发展趋势。只有将产供销对接起来，才能为消费者提供更为优质、安全的农产品，获得众多消费者的青睐，带给企业更多的利润，也才能使企业更好地发展。另外，只有实现产供销的对接，才能有效保证销售链的完整性，降低销售风险。

在农产品电商的发展方面，与一线城市相比，二三线城市更具优势。以 7 号生活馆为例，武汉市拥有便捷的交通、发达的信息网络、广阔的农产品市场、有力的政策支持，使得 7 号生活馆能顺利地发展起来。但是，由于 7 号生活馆处于起步阶段，没有经验可以学习借鉴，只能在摸索中前进，也在发展过程中遇到了很多困难。

我国未来的农产品 B2C 电商平台的发展要以 7 号生活馆为借鉴，借助于政府的政策优势，结合地区的实际情况，探索出合适的发展模式，将农产品与互联网彻底对接起来，为我国的农产品发展开辟一个新天地。

06 褚橙："互联网＋农产品"品牌塑造

闻名互联网的褚橙，是云南的一种冰糖脐橙，之所以得此名则是因为其种植人是褚时健。他曾被封为"中国烟草大王"，红塔山集团在他的领导下成长为国内的知名品牌，在发展褚橙时，褚时健已经 75 岁，他的经历也给褚橙增添了许多传奇的色彩。

褚橙在面向市场之后，仅用了三年的时间，就以"云南特产"的形式受到广大消费者的追捧，"励志"也成为该产品的特有标志。褚橙最终依托互联网成为全国各地的热销产品，不仅让众多经营者羡慕，也出乎其种植者本人的预料。

毋庸置疑，褚橙的热销不仅代表着该产品运营的成功，还使褚时健名声大震，如今的褚橙，蕴涵着更多的互联网元素。褚橙的运营过程是怎样的，该产品是如何与互联网结合起来的？这些问题值得我们去一一探讨。

◆褚橙：农产品与互联网的结合

近年来，我国的互联网技术高速发展，其应用也逐渐普遍。伴随着这种大趋势出现的，是互联网在各个领域的渗透作用不断加强。农业在我国的发展历史非常悠久，该领域与互联网的结合有很多优势，既有丰富动人的故事，又能借助互联网平台的优势在短时间内进行大范围推广与扩散。不过，这一切都要建立在优质产品的基础上，足够的质量保证是产品在推广过程中建立良好形象的前提。

褚橙与互联网的结合运营取得骄人成绩的原因包括 3 个方面，如图5-3 所示。

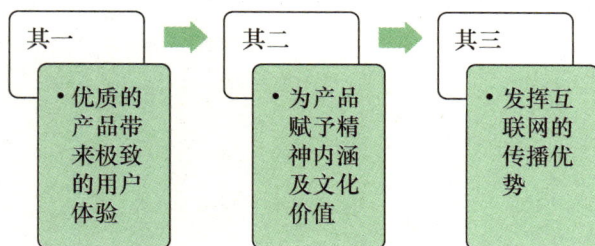

图 5-3 褚橙运营的 3 个关键

（1）优质的产品带来极致的用户体验

与褚橙一同面向市场的，还有柳传志的"柳桃"和潘石屹的"潘苹果"，如今，除了褚橙受到市场追捧之外，后两者的市场热度都慢慢冷却下来。

褚时健作为褚橙的种植者，不是简单地为其提供生长条件，而是有着自己严格的管理体系及培育原则。

例如，褚时健规定，每棵树的结果数量不得超出 240 个，每个农民照料的果树不得超出 200 棵，这些都是需要管理者去严格遵守的，如此才能保证产品的质量。另外，褚时健还对浇灌的水，所施肥料的种类、具体成分等都进行了规定，为了保证橙子在生长过程中能够充分进行光合作用，还要定期修剪果树，避免枝叶遮挡阳光，整个种植及管理过程都具备足够的专业化水平。

（2）为产品赋予精神内涵及文化价值

褚时健的人生经历了许多坎坷，若是其他人，很可能从此悲观绝望，但他并没有被困难击垮，而是在 70 多岁时重新创业，凭借惊人的毅力克服重重困难，再次成为年轻创业者与企业家的榜样。

他的励志精神也被赋予到产品之中，使产品体现出特有的文化内涵，从精神上打动消费者。使消费者在获得优质产品的同时，还能受到精神层面的鼓舞，提高了产品的价值含量。

（3）发挥互联网的传播优势

褚时健种植褚橙、二度创业的励志故事登上微博，被王石、韩寒、潘石屹等人转发，借助互联网平台的传播优势，迅速推广开来，一时间成为人们热议的话题，如此一来，产品的知名度及影响力都大幅提高。

毋庸置疑，褚橙的迅速走俏离不开互联网的推动作用，该产品也正是依托互联网思维，才取得了今天的成就。

◆ "互联网＋农产品" 的品牌打造

"互联网＋" 行动计划自 2015 年被写入政府报告之后，其应用范围不断拓展，近年来，农业与互联网的结合逐渐呈现出良好的发展前景。在这种形式下，该如何把握机会，获得自身发展呢？

（1）为新型农产品建立品牌，提高其知名度

随着互联网在农业领域的渗透，越来越多的新型农产品品牌在市场兴起，褚橙就是其中的代表之一。与此同时，以联想、网易为代表的拥有雄厚实力的互联网公司也涉足农业领域，发挥互联网思维并进行大手笔投资来进行市场开拓。

> 联想早在 2010 年就对农业投资领域展开布局，在同年 7 月组建农业投资事业部，后于 2012 年 8 月在原有基础上建成佳沃集团，以农业投资及经营为主导业务。近几年，联想控股对农业领域的投资多集中于茶叶、水果、养殖等几个垂直领域，据悉，"佳沃"品牌蓝莓的单价可达 500 元 / 公斤。如今，联想佳沃的猕猴桃种植面积，及蓝莓产业发展规模在我国都是首屈一指的。
>
> 由此可见，联想在农业领域的布局方式以投资及品牌建设为主，在农产品运营过程中运用网络科技，向农业产业化方向发展。

（2）在实体农业运营过程中发挥互联网思维的作用

农产品从最初的种植，到中间的运营直至最终的消费环节，其信息开放程度都因互联网的应用而不断提高，农业企业则可从中获取更多的利润。

> 农业大棚可采用物联网技术，对农作物的生长情况进行全天候监测，进行精细化管理，保证农产品质量及出产规模。另外，经营者还能发展线下农业体验，组织城市消费者自己到田园采摘，若能够在此基础上添加更多的社交元素，则将取得更好的效果，拓展线下农业的发展空间。

如今，移动互联网 O2O 以蓬勃发展之势出现在市场上，采用该模式的商家多经营半成品生鲜，消费者在网络平台下单后，到居住地区附近的地铁站、超市等取货消费。随着"互联网＋"行动进一步开展，会有更多的农业企业采用互联网思维寻求突破，移动互联网 O2O 模式也会受到众多商

家的青睐。

另外，农业企业应该运用互联网进行渠道拓展，推动自身改革。互联网作为线上渠道，可为传统农业企业整合农村渠道提供便利，推动企业进行渠道拓展，从而加速整体运营。

（3）积极推进电商与物流企业开拓农村市场

随着农业互联网化的进行，相关的电商平台崛起。根据统计结果，我国农村电商的市场规模在 2016 年接近 4600 亿元，吸引了众多企业的加入。

从 2015 年开始，相关政府部门积极倡导电商企业与物流公司进行农村市场的开拓，为京东、阿里等在农村地区的发展提供政策支持，为其 O2O 模式的采用及实施起到积极的推动作用。

数据统计显示，到 2016 年，阿里平台上开通的"特设馆"涵盖 24 个省市，注册地显示为乡镇及行政村级别、活跃在淘宝平台的网店总数超过 160 万个，其中有 40% 以农产品经营为重点。阿里于 2014 年 10 月宣布开始实施"千县万村计划"，计划拿出 100 亿元的资金，在三到五年内打造 1000 个县级运营机构，10 万个乡村站点。到 2016 年，我国有 8 个省区市、13 个县、290 多个村级地区享受到阿里的"村淘"服务。

除了阿里之外，京东也在积极开展农村布局，到 2016 年，京东有 20 多家县级服务部门投入运营，吸纳的乡村推广员达 2000 人。如今，京东还在扩大其农村地区的布局范围，继续推进其农村发展战略。可见，在互联网与农业领域结合发展的过程中，电商企业占据重要地位。

尽管我们都知道，伴随着互联网在农业领域的渗透，会促使相关企业进行改革，甚至颠覆原有模式，实现转型。但有一点必须清楚，那就是企业改革之后，可能开辟全新的发展道路，也可能因此面临巨大挑战甚至被市场淘汰。在寻求与互联网结合发展的过程中，企业经营者需要找到适合自己的融合方式，确保在改革之后，其发展能够按照原定计划一步步执行，从而不断提升企业的核心竞争力。

07 褚橙营销对我国农产品销售的启示

第三次科技革命使互联网的发展突飞猛进，随之而来的是电子商务的崛起，越来越多的产品通过线上渠道进入市场，农产品也通过该渠道进行市场扩张，褚时健的褚橙就是这方面的典型代表。

褚时健种植的褚橙以味甜皮薄著称，其口感与国内民众的需求十分相符。在经过互联网运营之后，褚橙受到消费者的热捧。除了对产品本身的消费，褚橙中蕴含的精神及文化内涵也吸引了众多消费者。其种植者褚时健的奋斗精神，为该产品赋予了"励志"精神，进一步促进了产品营销。

◆ 褚橙的营销分析

（1）借助个人影响力，推动产品营销及推广

褚时健的人生跌宕起伏，具有浓厚的传奇色彩，作为一个知名度较高的公众人物，其行动通常会吸引大批媒体的报道，成为人们关注的焦点。因此，在褚橙面市时，褚时健把自己的传奇经历与橙子联系起来，认为其甜中微微泛酸的口感体验，与他的人生经历非常相似，传达给消费者这样一种价值：即便遭遇人生挫折，依然能够东山再起。如此丰富的文化内涵能够从心理及情感层面上打动消费者，增强消费者对自身产品的认可度。

（2）明确产品定位，通过细分市场来完善产品

褚橙拥有明确的市场定位，主要针对城市中的白领阶层和那些收入水平较高的年轻消费者。之所以定位于城市白领，是因为他们经济水平及消费能力都较高，而且习惯于互联网环境，而褚橙正是通过线上渠道运营的，如图 5-4 所示，能够省去很多中间环节，直接面向消费者，方便收集消费者的反馈意见，据此改进自己的产品。

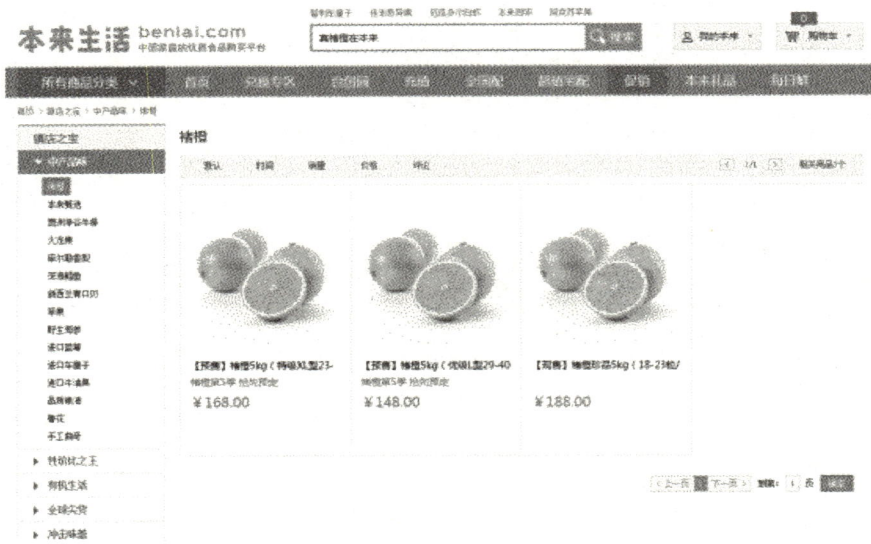

图 5-4　本来生活平台的褚橙出售页面

对于同一种产品（包括橙子在内），不同消费者的需求及关注点是不同的，如果能够将市场细分，就能根据需求来提供相对应的产品，这种方式不仅能够提高营销的针对性，还能提升用户的体验。

（3）实施激励机制生产合格产品，促进产品推广

褚橙的原产地是云南玉溪的偏远山区，人口密度较小，居住在山区环境中的村民行动并不集中。于是，褚时健运用现代化管理模式进行橙园管理，把附近的村民组织到一起，扩大生产规模。同时，对橙子的质量做出严格规定，如果村民生产出的橙子在质量上达标，则可获得相应的奖励。

褚时健给果农分配一定额度的任务，时间为一年，果农能够达到这个标准，则可获得基本工资，若其出产的橙子符合质量要求，会得到额外4000 元奖励，除此之外，还能在年末领取 2000 元以上的年终奖。激励机制的实施，极大地调动了果农的积极性，促使其生产高质量产品，并有利于产品在更大范围内的推广。

（4）突破传统思维模式，注重品牌打造

一方面，不同于传统模式下的产品销售，褚橙在产品营销的过程中未将广告作为重点，而是在认识到互联网的普及应用之后，采用电商运营方式。与此同时，充分发挥微博名人的宣传作用，借助自身影响力进行产品推广，最终获得了理想效果，在该产品未真正面世前就成为人们关注的焦点。

另一方面，褚时健没有忽视品牌的打造及运营，为了减少消费者的担忧，在产品包装上添加二维码方便其检验真伪。另外，将其品牌名称"云冠橙"标注在外包装上，处处彰显着产品的独特性。

◆我国农产品的销售分析

（1）优势

权威统计部门的调查结果显示，如今，我国农产品的销售不再局限于国内市场，自中国加入世贸组织以来，越来越多的农产品开始面向海外市场销售，市场范围的扩大意味着对农产品需求量的增加，与此同时，科学技术水平日益提高，使得农产品的质量更有保证，生产规模也进一步扩大，专业技术的应用使农产品具有更加广阔的发展前景。

此外，近几年，我国相继出台支持农业发展的各类政策，工业反哺农业成为发展趋势，很多地方政府也大力支持当地农业的发展，鼓励农民进行农产品创新，通过政策的支持及引导推动农产品的开发及后续的发展。

（2）不足

尽管农产品的未来被很多业内人士看好，但回归现实，其滞销现象仍十分常见。由于农产品生产周期较长，在很多情况下，销售情况与预想效果之间存在很大偏差，处于生产环节的农民需承担后期的市场风险，很难实现农产品供需状况的精准评估，当某产品的需求量增加，众多生产者便蜂拥而上，加入到该产品的生产队伍中，导致该产品供过于求，价格下跌。另外，目前农产品的销售多为收购商统一收购后投入市场，产品在运营过程中缺乏展示环节，产品价值得不到呈现，农民的劳动价值被埋没。

另外，很多地方政府部门忽视了农产品的发展，没有根据当地的资源条件安排农业生产，导致许多地区的农产品存在严重的同质化现象，加剧了市场竞争。而且，小农经济在我国由来已久，很多农民不适应集中化生产，大规模机械化生产推行难度较大，人力在劳动力中占据的地位难以动摇，加上农村地区思想落后，大部分农产品仍是以家庭为单位经营的，集体化生产仅局限于部分地区，导致我国的农产品质量参差不齐，很难制定统一的标准，最终反映在市场上就是产品价格差别大，市场管理难度大。

除此之外，大部分农民的文化水平不高，很少了解现代化经营模式，仍然采用传统生产及销售方式。在这种情况下，就算产品拥有质量保证，因缺乏成功的营销，无法突显自身优势及亮点，难以吸引消费者的目光。此外，在农产品加工环节，缺乏完善的产业链体系，给农产品的产业化发展造成阻力。

◆ 我国农业的应对策略

（1）明确市场定位，突显产品的差异化特征

褚橙之所以能够营销成功，与其精准的市场定位有很大关系。相比之下，很多农民因受自身文化水平的限制，难以把握市场的发展趋势，导致很多地区的农产品生产出现同质化现象，产品价格没有提升空间。

为了解决这个问题，政府部门应当开办针对农民的培训班，提高其文化素养，帮助农民分析市场发展情况。另外，要积极采取专业人士的建议，在充分了解自身产品的基础上，结合当地的资源优势突出产品的独特性，避免陷入同质化竞争。

（2）为用户体验农产品创造机会

褚橙的成功在很大程度上得益于褚时健的产品营销，而这种营销方式并非适用于所有农产品，但仍然有很多渠道可用来进行农产品推广。

举例来说，对于新开发出来的农产品，不妨尝试以礼品赠送或作为奖品的形式与目标用户接触，使用户在体验过程中更加全面地了解商品，促使体验者自发进行产品推广。在这个过程中，要着重体现产品特色，进行

品牌打造，培养长期用户。

（3）在营销过程中运用创新思维

褚橙的热销离不开互联网的支持，在现代化社会中，互联网的普遍应用为产品销售提供了新的渠道。以农产品来说，借助网络平台进行运营，能够跨越许多中间环节，直接到达消费者手中，并逐步完善自己的产品，使其更好地对接市场需求。为此，农业生产者应该认识到科学文化的重要性，有意识地提高自己的文化水平，再结合自身的实践，运用创新思维，找到适合自己的发展道路。

（4）注重农产品文化建设

若某农产品拥有可靠的质量保证，则可加大开发力度，增加产品与用户的接触，打造独立品牌，在品牌运营的过程中，还应强化农产品在文化方面的打造，充分整合当地的文化资源优势，从文化层面上加大产品的推广力度，在文化上拉开与其他产品之间的距离，提高自身产品的市场竞争力。

如今，褚橙已成为农产品营销的典范，该产品在营销的过程中没有选择套用或简单模仿其他橙子的营销模式，相反，褚时健十分注重品牌建立与维护，通过产品的特色打造使褚橙从众多同类产品中脱颖而出。另外，现代化的管理方式是褚橙取得成功的重要原因，举例来说，该产品在生产环节制定了统一标准，对果农进行统一管理，实施精细化生产，改革传统的思维模式，从国外引进技术含量较高的果品筛选工具，对所有橙子的品质进行严格把关。

所以，区域性农产品运营在产品营销环节需要主动学习褚橙的创新思维模式，以农产品特色打造为切入点，通过多元化渠道进行产品信息的推广，根据自身产品的特点选择合适的销售渠道，与合作方建立长期稳定的关系，在具体销售的过程中，加强不同销售方式之间的互动，努力做到各渠道之间的相互配合、相互补充，发挥创新思维，通过技术手段提高产品质量，加强系统化建设，并在发展过程中逐步完善与升级。

第 6 章

预售 VS 众筹：
互联网时代的农业新玩法

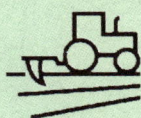

01 预售：颠覆传统农产品电商模式

　　"互联网＋农业"的落实发展使得农产品开始借助网络渠道进行销售。对于那些鲜活的农产品，由于保鲜期短、对运输的要求高，往往面临诸多仓储、物流方面的难题。这些问题该如何解决呢？通过什么样的方式才能将那些鲜活的农产品保持鲜活状态送到消费者手中呢？对于这些问题，有一个非常有效的解决方法，就是进行预售。

◆ 何谓"预售"

　　预售是一种颠覆传统的电商模式。传统电商都是现买现卖，货到付款。预售模式则打破了这一常规，借助网络平台，将产品信息提前发布出来，提前备货，并在短时间内发货，如图 6-1 所示。这种模式解决了很多传统电商和线下渠道一直以来都没有解决的问题，如库存积压、运输过程中的质量损耗、长时间储存产生的高额费用等。

2013 年 4 月，阿里巴巴旗下的聚划算平台将全国几大樱桃主产区的樱桃汇集在一起开展了一次预售活动。其模式为：在原产地进行采摘，然后空运，保证 3 天内到货。这次活动受到了消费者前有未有的欢迎，5 天时间就售出了高达 100 万元的樱桃。其中，乾佑电商公司与烟台栖霞金农果树专业合作社联合推出的 3 斤大樱桃 96 元顺丰全国包邮的活动，共售出樱桃 5067 份，创造了全国预售的纪录。

图 6-1　淘宝平台樱桃预售示例

事实上，这不是聚划算平台的首次预售活动，但却是极为成功的一次。2012 年，聚划算平台推出了苹果预售活动，虽没有取得 2013 年的成绩，但也为预售活动的开展积累了丰富的经验，促成了这次樱桃预售活动的成功。

◆ 72 小时从地头到餐桌

在聚划算这次的樱桃预售活动中，卖家均做出了一个承诺：保证樱桃能在 3 天之内送到消费者手中。从采摘、打包、快递到配送，卖家到底采用什么方法才能将樱桃在 72 小时之内送到消费者手中呢？换句话说，要做好预售，需要付出哪些努力呢？下面以乾佑电商的成功预售为例进行分析。

（1）合作社

乾佑电商成功预售樱桃是和烟台栖霞金农果树专业合作社联合的成果，由此可见，要想搞好预售，让产品在 72 小时之内从地头走上餐桌，离不开合作者的努力配合。

鲜活农产品都有易腐性，樱桃就是其中的典型。在常温环境下，樱桃的保鲜期大概在 3 天左右，超过这个时间就会迅速腐烂。因此，为了配合电商的预售活动，合作社必须每天采摘 3000 多份樱桃，其中还包括了筛选、打包等工序。并且，为了让樱桃更容易储存，就必须将这些工作都集中在凌晨到早晨这个时间段完成。

每份樱桃 3 斤，3000 份樱桃就是 9000 斤，按每人每天可以采摘 30 斤樱桃来计算，完成这项任务需要 300 个人。并且采摘之后还要对樱桃进行筛选，这些筛选必须全部由人工完成。因为樱桃非常鲜嫩，如果由机器筛选，在筛选的过程中一定会发生磕碰，导致樱桃的质量受损。

由于聚划算这次的樱桃预售活动对樱桃的大小有比较严格的要求——在一份樱桃中，个头超过 25 毫米的樱桃比重必须超过八成，这一要求就又加大了筛选的难度。在这次活动中，烟台栖霞金农果树专业合作社专门挑选出了 50 名熟练工花费了 8 小时才将 9000 斤樱桃筛选出来。

由此可见，预售活动实际上考验的是合作社的综合能力。作为山东省第一家农民专业合作社，烟台栖霞金农果树专业合作社的规模已经非常庞大了，拥有万亩樱桃园，近千名社员。并针对樱桃采摘、包装制定了一定的标准，还专门建设了大型冷库来开展樱桃的筛选及打包工作，以保证樱桃的品质。

仅仅依靠几千名社员的相互配合就能在那么短的时间内完成大批量的采购工作，这才是合作社真正的价值所在。对于预售活动来说，合作社的这种能力奠定了供货基础，从源头上保证了预售活动的成功。

（2）电商平台

在这次预售活动中，乾佑电商负责产品推销、物流配送、售后服务三项重要工作，如图 6-2 所示，具体分析如下。

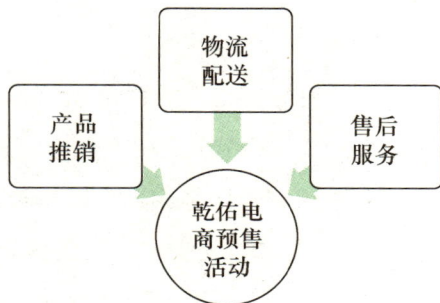

图 6-2　乾佑电商预售活动的主要工作

★ 产品推销

在预售环节中，乾佑电商的主要任务是负责樱桃的推销。推销的主要方法是将烟台大樱桃的特点、卖点、产地优势、配送服务和售后服务等通过图片和文字呈现在用户面前，吸引用户关注，激发用户的购买欲望。

这项工作的难度与繁琐度与制作一份商业广告没什么不同，首先需要深入产地对产品进行考察，精确地把握产地优势和产品卖点；其次要对消费者的购买心理进行研究，以确保文字、图片和宣传语能击中消费者的内心；最后，要对这些内容进行整合，形成一个具有超强感染力的作品。

★ 物流配送

将产品在 72 小时之内从产地送到消费者的餐桌上，不仅考验合作社的综合能力，还考验电商的物流配送能力。在这个过程中，乾佑电商要精确控制每个环节，如完成打包的时间、将产品运输到机场的时间、快递公司的分拣方式、超过物流配送范围用户的处理方法、快递配送时间等。只有将这些内容都考虑到，才能保证樱桃能在 72 小时之内完成从田间地头到餐桌的流通。

★售后服务

鲜活农产品经营要面对的售后问题比其他产品要多得多，如樱桃在运输途中受到碰撞坏了、不能及时配送烂了、收到的货物不新鲜了、樱桃缺斤少两了等。面对消费者的这些问题，售后人员必须要有足够的耐心，及时抚慰消费者的情绪，敢于承担责任，让处理结果令消费者满意。

（3）聚划算平台

对于聚划算来说，它在预售活动中的作用不只是提供一个平台。如果聚划算平台没有超高的人气，预售活动就会无人问津，最终也只能以失败收场。因此，为了保证预售活动的成功，聚划算平台必须要汇聚人气，提升其影响力，将用户目光聚焦到预售活动中来，以保证预售活动的成功。

总之，预售活动不是凭一人之力就能完成的，它需要合作社、电商和聚划算平台的共同努力，相互配合。

02 传统农产品电商面临的尴尬

随着移动互联网、电子商务等新技术及新模式不断向农业流通领域渗透，传统的农产品市场开始开启新篇章，越来越多的创业者及相关企业积极投身农产品电商领域，想要在这片尚未开发的蓝海市场分一杯羹。但与此同时我们也应注意到，以生鲜电商为代表的诸多农产品电商企业面临着严重亏损的尴尬境地。

◆传统农产品电商面临的尴尬

传统农产品电商面临的尴尬主要体现在以下 4 个方面，如图 6-3 所示。

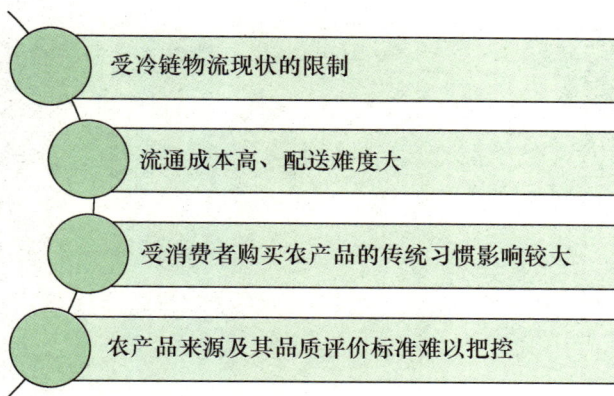

图 6-3　传统农产品电商面临的四大困境

（1）受冷链物流现状的限制

从我国的物流行业的发展水平来看，普通的电商产品从在线下单到快递人员送至消费者手中，大概需要 3 天时间。由于许多农产品需要提前采摘，并放置在温度、湿度等需要严格控制的仓储中心。如果像普通的网购商品一样，使用 3 天的时间运输农产品，很多农产品会变得不再新鲜，甚至腐烂变质。最理想的状态是消费者下单后，农产品生产基地以最快的响应速度迅速发货，用最短的时间送到消费者手中。

既要保证物流的时效性，又要最大限度上地保证农产品的质量，冷链物流建设就成为关键所在。冷链物流能够有效保证农产品的品质，在农产品的采集、加工、包装、仓储、配送等多个环节使农产品一直处于某种特定的环境中，在降低农产品损耗的同时，也保证农产品的新鲜度、口感和营养等。

与普通的物流运输相比，冷链物流对运输设备、温度、湿度等各个方面的要求会更高，需要相关企业投入大量的资金。而目前国内的物流行业整体发展水平与美国等物流强国相比仍存在较大的差距，在冷链物流方面的更是处于绝对劣势。

（2）流通成本高、配送难度大

具体来看，国内农产品电商物流之所以成本及难度会如此之高，主要是由于以下 3 个方面的因素：

★绝大部分的传统农产品电商平台没有建立完善的供应链体系，仅与单一的农产品生产基地合作虽然能够充分保证农产品的质量，但却无法为用户提供足够品类的农产品；如果选择与多个农产品生产基地合作，又不得不面临订单规模过小，物流成本过高的问题。

★农产品采摘、入库、包装、发货等多个环节都需要严格控制农产品的质量。由于农产品运输相对复杂，大部分的农产品本身保质期又较短，为了保证农产品的质量，商家不得不采用运输成本相对较高的冷链物流。

★电商平台订单的不确定性与过度分散进一步加剧了农产品电商的高成本问题。

（3）受消费者购买农产品的传统习惯影响较大

和那些已经实现标准化的工业产品所不同的是，消费者在线下购买农产品时，会通过视觉、听觉、嗅觉、味觉等多种方式对农产品的质量、品质等指标进行考核，人们可以随意挑选那些最优质的农产品。

但在电商平台中，人们更多地借助于图文、视频等形式获取农产品的相关信息，无法为消费者带来线下购物过程中丰富的购物体验。因此，很多消费者在购买此类产品时更喜欢到超市或者菜市场中精挑细选。从目前来看，短时间内很难让消费者改变这种多年来形成的消费习惯。

（4）农产品来源及其品质评价标准难以把控

传统农产品的生产方式很难控制农产品的品质及质量。由于我国农产品的质量认证体系尚未形成统一的标准，不同的地区采用的考核标准不同，而且对于普通的农户而言，对农产品质量进行认证需要付出较高的成本。但从电商平台的角度来看，农产品质量认证又是其取得消费者信任的有效手段，即便是要承担较高的成本，电商平台也要尽可能地对农产品质量进行认证。

事实上，农产品很难实现标准化，生产者无法精准控制其营养成本、色泽、形状、大小等，这使得农产品电商的退货率高居不下，而农产品电商的退货成本又要远远高于普通的工业产品退货成本。

◆农产品预售：开启订单农业模式

借助电商平台，鲜活农产品的大规模预售具备了落地基础，蔬菜、水果、水产等各种各样的优质农产品可以销往更为广阔的市场，在各种新媒体平台的支撑下，由于信息流通不畅造成的农产品滞销问题也得到了很好的解决。

2015 年"两会"期间，李克强总理提出了"互联网＋"概念，并迅速在企业界引发了一场巨大的互联网化转型热潮。从农产品市场的角度来看，中国电商研究中心公布的数据显示，2012 年我国进入流通领域的农副产品总价值为 2.45 万亿元，而通过电商流通的农产品价值却仅约为其 1%。可见，农产品电商存在着十分广阔的发展前景，在如此庞大的市场面前，包括淘宝、天猫、京东在内的电商平台纷纷发力农产品市场。

当然，由于农产品电商仍处于初级发展阶段，尚未形成相对成熟的商业模式及运营机制，完全照搬传统电商模式采用的现货买卖方式，根本无法有效解决损耗率高、冷链物流不完善、库存积压等方面的问题，因此农产品电商价值变现成为广大涉农电商企业的亟须解决的痛点。

市场研究机构发布的数据显示，2015 年我国涉农电商平台的总规模已经达到了 3 万家以上，农产品电商平台总数超过 3000 家。2014 年在我国超过 4000 家的生鲜电商企业中，实现盈利的企业仅有 1%，少部分实现收支平衡，绝大部分企业面临较大的亏损。

农产品电商预售模式是在电商平台的支撑下，在农产品尚未成熟或者为加工之前，在平台中预先公布产品的相关信息，农业生产者及企业将根据订单提供农产品，并按照约定时间将农产品送至消费者手中。

以天猫推出的喵鲜生预售平台为例，2013 年该平台农产品的销售额为 2.6 亿元，其中生鲜农产品预售额最高，达到了 1.98 亿元，而车厘子（樱桃）是成交额最大的单品，贡献了 4532 万元的交易额。

此外，聚划算及淘宝网·特色中国等电商平台也纷纷加入农产品电商预售大军，山东樱桃、新疆西瓜、贵州茶叶、云南松茸及千岛湖有机鱼等诸多极具地方特色的农产品受到了广大消费者的青睐。

03 农产品预售模式的优势与流程

农产品流通是常见的一种经济活动，即将农产品以买卖的形式完成转移，促使商品由农业生产领域流入消费领域。然而，无论是粮食、肉类、果蔬，还是棉麻品，他们都具有独特的生物属性与商品属性，从而赋予了农产品独有的特性，而这些特性也决定农产品流通不能像工业品流通那样便捷。

◆ 农产品的主要特性

具体而言，农产品独有的特性包含 4 个方面，如图 6-4 所示。

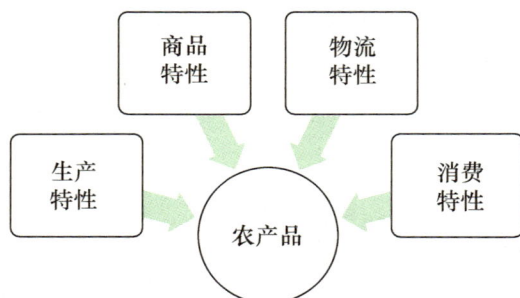

图 6-4 农产品的主要特性

（1）**生产特性**

农产品的耕种受地域、季节等因素的影响，且需要一定的成长周期，故而存在较强的地域性、季节性、周期性、脆弱性。

（2）**商品特性**

流通中的农产品即为商品，具有普通商品的特性，同时又受生物属性的影响，存在非标准性、易腐性等特性。

（3）**物流特性**

由于农产品特殊的商品特性，在物流配送方面，其相对独立性强、专业技术要求高，且受到地域与季节限制，配送难度大。

（4）消费特性

农产品不仅具有较强的零细性，如品种多、变换快、批量小等，且人们对农产品的消费是全年性的，其需求存在刚性、经常性甚至习惯性等特点。

以上特性，给农产品流通造成诸多的问题。例如，农产品销售存在不确定性，经营者面临的耗损风险大，且需要加大存库成本投入；而农产品的长期冷冻花费的成本，最终由消费者为此买单。此外，为延长农产品的存储时间，多数果蔬会在未熟情况下采摘，并根据销售情况适时给予化学催熟，消费者只能被动地接受不新鲜的农产品。

随着 O2O 营销模式的诞生，电子商务的流通模式日渐在农产品流通领域得到运用，农产品信息不再仅限于线性传递，即时的、双向的、互动的信息传递成为可能。在信息传递方面纵向上，消费者解除了被动局面，可直接与生产者进行沟通，更加全面地掌握农产品信息；在横向上，消费者之间可彼此互动，进一步推动农产品营销。以电子商务为主导的物流模式的出现，也为营销创新奠定了良好的基础，这从近几年的农产品流通发展中不难看出。

◆ 农产品预售模式的优势

农产品电商模式的出现，使得多流通环节造成的高损耗成本、仓储成本、库存积压等诸多方面的问题得到了有效解决，广大消费者的购物体验得到进一步优化，购物成本进一步降低，如图 6-5 所示。

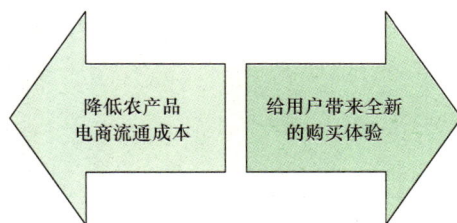

降低农产品
电商流通成本

给用户带来全新
的购买体验

图 6-5　农产品预售模式的优势

（1）降低农产品电商的流通成本

农产品电商平台的高成本很大部分是来源于农产品的流通成本。从目前来看，农产品流通成本主要是配送成本、损耗成本及冷链物流成本。而农产品电商预售模式可以有效控制农产品的流通成本，这具体体现在以下两个方面：

> ★对农产品类进行筛选，企业会在农产品尚未成熟前在电商平台上展示相关产品的信息，并引导用户下单，这使得企业可以更加科学地对农产品产量、运力资源配置进行调整具备了落地基础，从而最大限度上地降低库存及损耗成本；
>
> ★农产品电商预售模式可以将从农产品种植基地直接运送到消费者所在地，企业能够根据订单的区域分布选择合适的物流，而且将订单集中起来后，企业在与物流、仓储等方面的合作伙伴进行贸易时可以具备更多的议价权，从而有效降低农产品的流通成本。

（2）给用户带来全新的购买体验

农产品电商预售模式在带给用户差异化购物体验的同时，也降低了用户的购物成本。人们可以借助移动终端随时随地在电商平台下单，不需要前往商超或者菜市场，能够直接购买多种品类的源自于原产地的优质农产品。由于这些农产品经过了严格的筛选，其质量、品质、口感、新鲜度等都有保障。

农产品电商预售模式去除了大量的中间环节，使商家能够给予消费者足够的让利空间，从而让消费者能以更低的价格购买到同等品质的优质产品。消费者可以与生产基地直接对接，当农产品出现品质、质量等方面的问题时，也能够得到快速高效的解决。

◆ 农产品预售模式流程

电子商务环境下的农产品流通模式不断朝着多样化发展，其中 C2B 预售模式，凭借以销定产这一优势特点，极受生产者与消费者的欢迎。借助 C2B 预售模式实现农产品流通，可减少销售的很多中间环节，降低生产者损耗风险、库存风险，同时为消费者提供性价比高且新鲜的农产品。

农产品尚未成熟时，生产者则可借助网络进行售卖，根据消费者需求收获农产品，按需进行配送。这种预售模式的具体流程可分为以下几步，如图 6-6 所示。

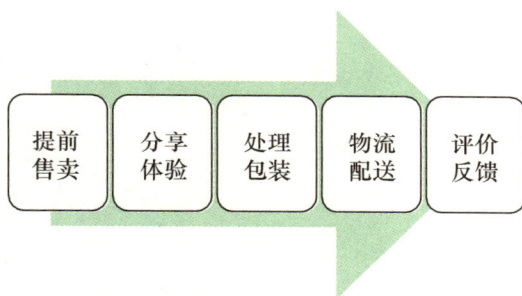

图 6-6　农产品预售模式的流程

（1）提前售卖

在农产品收获前，即在农作物成熟前、畜禽出栏前，生产者就可前往电商平台挂单，接受消费者的预订。

（2）分享体验

以图文并茂的形式，将农产品的生长情况告知消费者，让消费者更全面地掌握农产品的信息，切身体验产品。

（3）处理包装

等到农产品可以收获后，生产者按需处理，如采摘果蔬并进行分拣、收割成熟的农作物、宰杀畜禽等，最后对处理过的农产品进行包装。

（4）物流配送

依据接收的消费者订单，将包装后的产品冷链配送至消费者手中。

（5）评价反馈

消费者签收订购的农产品后，则可将自己的消费感受反馈到电商平台，就此形成口碑传播。

04 农产品预售的运作模式与策略

◆ 周期购模式的尝试

很多农产品是生活的必需品，如食用油、牛奶、面粉、鸡蛋等，消费者会定期购买，周期性需求特征显著。基于电子商务的周期购模式，则是以消费者的周期性需求为基础，消费者一次下单，卖家按周期配送，省去定期采购的麻烦。

目前，周期购模式日渐成熟，天猫平台的线上周期购就已覆盖了牛奶、粮油、新鲜果蔬等农产品，卖家根据消费者的需求周期，按周或按月配送农产品。该种流通模式，不仅为消费者提供了便捷，更有助于卖家针对性地调配库存，减少成本与损耗。

那么，周期购模式下农产品流通的具体流程又是怎样的呢？具体如下。

★第一步：一次下单。消费者可根据自己一段时间内的需求情况，登录电商平台一次性完成订单，如一个月或一个季度，抑或是一年。

★第二步：分批发货。卖家接收订单后，会根据消费者选择的配送周期，定期组织配送，确保将新鲜农产品及时送达至消费者手中。

★第三步：评价反馈。消费者根据个人的购买体验，对农产品及销售服务进行评价，进而形成口碑传播。

◆ CSA 与电子商务的结合

20 世纪 70 年代，消费者为获取安全的食物，与有机农产品的生产者建立稳定的供需关系，这种消费模式后被称为"社区支持农业"（简称 CSA）。步入 21 世纪后，中国开始引入 CSA 理念，但相较于瑞士、日本等国家不同，我国的 CSA 开始于生产端，简单讲就是生产者生产出优质的农产品后，由于生产成本过高，难以提升消费者数量，为快速找寻固定的消费者而采用的营销模式。

伴随电子商务的蓬勃发展，促使销售信息共享性明显提高，这为 CSA 的快速发展创造了良好的条件。在电子商务的大环境下，国内有志青年也开始尝试 CSA，其中较为典型的案例当属"分享收获"。

> 清华女博士后石嫣自 2009 年起，就开始致力于 CSA 实践，先后创办"小毛驴""分享收获"等多个 CSA 农场。其中，"分享收获"不仅与优质农产品生产者达成稳定合作，同时还在淘宝平台成立网店，借助网店传播农产品的信息，实现与新型物流方式的对接。
>
> 消费者可登录淘宝网址，进店选购自己中意的套餐，"分享收获"获取订单后，会在约定的时期内及时配送新鲜的农产品；"分享收获"农场是对外开放的，消费者可定期前往农场亲身体验。直至目前，"分享收获"网店的每月销量多达 200 笔，信用等级已是 4 钻。

◆农产品预售模式的发展对策

需要注意的是，虽然农产品电商预售模式存在着诸多优势，但由于其处于初期发展阶段，在许多方面的问题仍需要我们给予足够的重视。

（1）严格控制订单数量，保证货源质量

农产品难以标准化的特性，使得采用农产品电商预售模式的企业会更多地选择使用图文、视频等形式展示农产品信息，争取通过选取素材及控制拍摄场景来获取消费者的信任。一般来说，在订单规模不大的情况下，基于商家对农产品的了解，最终运送至消费者手中的产品基本可以与商家描述的信息相一致。

但当订单规模较大时，商家往往会因为货源储备不足的问题，而从其他农户或者农业生产基地采购商品，这很容易导致农产品品质及质量与描

述信息不一致，对消费者的购物体验产生较大的负面影响。这对商家的口碑建设是十分不利的，企业花费大量成本积累的忠实用户可能会大规模流失。

规模较大的订单量也会对企业的物流配送能力提出极大的挑战，如果是在春节、端午节、中秋节、国庆节等特殊时段，即便是一些专业的物流公司配送的普通工业产品的时效也无法得到充分保证，更不用说需要冷链物流支撑的农产品配送。因此，在目前的局面下，牺牲部分利润控制农产品订单的数量，从而更好地保证农产品的质量及品质，将是农产品电商预售企业能够发展壮大的关键所在。

（2）培养新的消费群体，注重农产品品牌建设

需要农产品电商预售企业注意的是，现阶段国内的农产品购买人群主要是中老年人，他们在多年的生活中逐渐培养了前往菜市场或者大型商超挑选农产品的消费习惯，网购农产品这种新鲜事物很难被他们接受。所以，农产品电商预售企业应该将主流的消费群体定位在对生活品质要求较高、网购频率频繁的年轻群体（主要是 28 ~ 38 岁），如果能够在这一消费群体中建立较强的品牌影响力，企业的成功将只是时间问题。

在建立农产品品牌时，企业可以主打区域、文化等，因为它们难以被竞争对手复制。在产品包装及品牌形象设计方面，要个性鲜明，能够体现出专业性与区分度，这对于农产品附加值的提升将会产生良好的效果。

（3）选择典型特色产品，培育农产品网络预售市场

由于国内冷链物流发展水平的限制，部分农产品并不适合采用电商预售模式，企业应该尽可能地选择那些对冷藏保鲜技术要求相对较低的苹果、桃子、葡萄、樱桃等农产品。由于人们消费需求的进一步升级，再加上近两年频繁出现的食品安全事件，人们对于农产品的品质及质量的重视提升到了前所未有的高度，所以企业销售的农产品不但要具备一定的特色，更要充分保证农产品的品质及质量。

毋庸置疑的是，农产品电商预售模式存在着巨大的发展前景，随着冷链物流建设的完善及农业生产专业化及数据化的实现，未来会有越来越多

的农产品能够通过电商预售模式提供给全国各地的消费者，我国庞大的人口基数及农产品本身作为一种刚性需求的本质，决定了农产品电商领域能够诞生出类似 BAT 类的巨头企业。

05 众筹：玩转农业"私人订制"

众筹，一种借助互联网向投资者募集资金的方式，自 2011 年以来，在我国非常盛行。截至 2016 年，我国的众筹平台数量已经达到了 370 家。在我国，众筹涉及的领域非常广泛，而农业进入众筹却是在 2014 年。

什么是农业众筹？对于用户来说，农业众筹就是"团购 + 预售"。**具体来说就是将原有的农业生产流程倒置，先进行预售，让生产者根据预售情况来了解市场行情，判断当季的销量，再进行生产，待农作物成熟之后，将其直接送到消费者手中的一种农业生产模式。**

从某个层面上来讲，这种农业众筹模式有点类似于"私人订制"。但实际上，这只是农业众筹模式的初级阶段而已。

◆土地端

近年来，受各种政策的影响，我国农村土地承包经营权流转（简称土地流转）的现象越来越多，开展范围越来越广。就目前的形势来看，农业众筹也会向众筹土地延伸，主要业务是借助互联网帮助用户在线找地、租地。这就涉及土地流转问题，而关于土地流转的融资问题则又牵涉股权众筹。

随着土地流转的推行，在未来，我国将有越来越多的农场或者企业加入到生态农业中来。据调查，相较于其他领域的众筹来说，生态农业、绿色农业众筹的成功率能高达 95%。说明我国农业众筹市场的发展前景非常广阔。

◆ 田间管理

农业生产受自然环境的影响非常大，如气候不佳、降水异常、冰雹、霜冻等自然灾害都会影响农产品的产量和质量。同时，基础设施水平和病虫害对其产生的影响也非常大。并且，农产品的种类很多，生产标准不一，生产方式、管理方式难以被复制，难以实现团队化管理。面对这重重问题，社区支持农业的生产方式给了其一线生机。

◆ 模式

关于农村土地经营承包权的流转问题，国家相关政策指出，要积极探索实行土地信托制度。有能力的乡镇可以组建土地信托中心或者土地银行，让农民根据个人意愿将土地的经营承包权储存起来，中心或者银行要支付一定的利息，再将这些土地经营承包权贷给有需要的用户。从该政策来看，在未来，农业众筹领域最有发展前景的市场当是权益型农业众筹市场。

◆ 项目

每个新出现的事物，要想被市场接受都需要一段时间的培养，农业众筹也是如此。尽管目前农业众筹的成绩不佳，但是随着市场的广泛接受，随着用户的增加，产品的增加，在未来，整个农业生产链条都将融入其中，如生态农场、农业科技、生物肥料、农业金融等，从而推动农业众筹更好地发展。

◆ 仓储物流

很多农产品都不易被保存，尤其是鲜活的农产品，在仓储物流方面面临着成本高、效率低等难题。但是，目前以京东、顺丰、阿里等为代表的电商及物流行业的巨头都在布局冷链物流方面做出了诸多努力。其中，顺丰推出的顺丰优选业务将线下物流推到了线上，菜鸟冷链服务的业务覆盖范围也已经扩展到了 210 个城市，京东自建物流正在努力下沉到乡镇等，这些都为农产品仓储物流问题的解决做出了重要贡献。

农业投资高、周期长、风险大的特点决定了其与任何模式的融合都要面临很大的困难，与互联网的融合是这样，与众筹的融合也是如此，农业众筹领域的从业人员必须对这一问题有非常清醒的认识。但是随着公众对其认识的加深、多种政策的支持引导、冷链物流体系的构建完善，未来农业众筹的发展空间足以可见。

如今，众筹已经渗透到了各个领域，在农业领域，农业众筹的出现会为其转型发展带来新的希望。

06 国内外农业众筹平台新玩法

◆ 国外农业众筹平台

农业众筹起源于美国，代表企业有两个，一个是 Fquare，另一个是 Agfunder。

（1）Fquare

Fquare 是一个从事土地流转服务的垂直平台，其运营模式是：用户在该平台上将土地卖给那些投资者，融资成功之后，农户和投资者的身份都会发生改变，农户会转化为承租人，投资者会转化为地主，农户要付给投资者利息，利率为 6%，时间为 20 年。

在这种经营模式下，投资者盈利就有了两条渠道：一条是向农户收取租金；另一条是将股权出售给其他的投资者。需要注意的一点是，农户需要支付 20 年的利息给投资者，但是投资者可以以年为周期决定是否继续投资，如果选择不继续投资，就可以将其出售给房产经纪人。

近期，Fquare 又推出了一种新的经营模式。投资人购买土地，雇农民耕种，农民只需提供农产品即可。在这样的模式下，原来需要向投资者缴纳的资金转换成了农产品。

（2）Agfunder

Agfunder 是一个为农户提供融资机会的融资平台。借助于这个平台，不管是农民，还是农产品加工公司都能够获得融资的机会，从投资者手中募集到资金。Agfunder 平台会收取每笔融资 20% 的利息，或者会按事先约定好的比例从投资者获取的利润中提取分成。

◆国内农业众筹平台类型

（1）消费型农业众筹：大家种

于 2014 年 4 月上线的"大家种"平台在经营运作方面形成了一种较为成熟的模式，如图 6-7 所示。

图 6-7 "大家种"平台的众筹项目示例

在经营模式方面："大家种"采用双向经营模式，城市的用户可以自由地选择农场进行种植；农户也可以借助平台将自己的农场推荐给城市的用户。

在合作形式方面："大家种"有自己的农业公司，还和拥有土地使用权的机构合作，他们都能借助平台开展众筹。

在农产品安全方面："大家种"平台在农场中设置了监控摄像头，可以全天、实时监控农场的生产情况，并要求农场将生产过程中的关键照片、视频上传到项目动态页面中，以供用户查看；网站会组织用户前往农场进行参观、考察；用户群体也会自发地组建一些组织对产品生产进行考察。

在合作保障方面："大家种"会与农场主签订协议，也会和用户签订协议，对双方进行约束，防止中途变更计划，对合作产生不良影响。

在盈利模式方面："大家种"对农场和用户都是免费开放的，项目的具体定价是由农场决定的。只是用户下单的费用会暂时储存在"大家种"凭条的账户中，农产品成熟之后再将钱给农场，"大家种"平台赚取其中的资金沉淀费用。

（2）平台型农业众筹：有机有利

2012 年 7 月，"有机有利"正式上线；2014 年 1 月，"有机有利"率先推出"农场到家庭"（F2F）理念；2014 年 4 月，"有机有利"的众筹平台上线，并于当年推出了"生态通"系统，通过内容展示、项目发布、产品销售、网络推广和农商对接五项内容直接为农业企业服务，为其提供订单业务，开展预售，进行众筹。

"有机有利"是国内第一家生态订单农业平台，也是国内第一家农业众筹平台，同时是国内第一家众筹土地平台。截至 2016 年 9 月 28 日，有机有利的会员人数超过了 301748 人。

"有机有利"农业众筹的项目类型主要分为两类：一类是回报型，也就是商品众筹；另一类是股权型。目前，上线的回报型众筹项目有 32 个，有 31 个项目已完成。其众筹项目有云南的红茶，共筹得 1500 元，成功率达 150%；山东的有机黑猪，共筹得 4760 元，成功率达 105%；福建漳州的青枣，成功率共筹的 11970 元，成功率达 119%；广西的荔浦芋头，共筹得 18796 元，成功率达 104% 等。通过这些案例，说明"有机有利"的农业众筹项目实现了跨区域发展，均取得了很好的成果，为农业、农产品的发展提供了有效支持。

（3）权益型农业众筹：耕地宝

"耕地宝"也是一个合作项目，是聚划算、浙江兴合电子商务有限公司、安徽农民联合发起的，其运作模式是：将百姓手中的散钱汇聚起来，进行投资，投资者能获得农场提供的新鲜蔬菜，还能免费获得当地旅游的门票等。

"耕地宝"上线几天的时间就吸引了 3560 名投资者，远远超出 500 个用户的预期。这些投资者认购的土地面积达 430 多亩，项目销售收入高达 200 多万元。而且，该平台计划投入 1 亿元用于项目推广，在安徽、浙江等地完成 5000 亩土地的流转计划。

目前，我国的农业众筹市场正在发展，在政策的扶持以及众企业和社会大众的共同努力下，未来将有更广阔的发展空间。

07 拼一下商城：开创农业分享经济

进入 2015 年后，"众筹"成为一大热门词汇，顾名思义，众筹就是通过借助集体的力量及资源，解决对少部分无法解决或者需要耗费巨大成本才能解决的问题。众筹在许多行业尤其是农业领域有着极强的适用性。具体而言，驱动农业众筹快速发展的核心因素主要包括以下两个方面。

（1）人们的天性与本能

原始社会，人们需要进行采集、狩猎等农业劳动才能生存下来，而随着科技的不断发展，出现了社会分工，很多人可以不需要参与农业活动就能维持生存。但在人们的天性与本能中，亲近自然与拥抱自然有着极强的吸引力。

（2）农产品安全问题

在各种各样由媒体报道出的食品安全事件中，生活在城市中的居民对农产品的安全性已经变得极度敏感，一些有大量闲置时间或者收入水平较高的群体希望通过参与农产品生产、配送、交易等各个环节来保证食品的安全。

"拼一下"商城在充分掌握现代农业特征及消费需求的基础上，使农产品的生产者与消费者实现无缝对接，最大限度上地解决农产品信息不对称问题，最终打造出优质、安全、高效的农产品生产模式。

◆ "互联网 +"理念运营

"拼一下"商城在充分借鉴"互联网 +"的运作思路及发展模式的基础上，充分发挥互联网强大的传播能力，积极提升产品及服务的覆盖范围及品牌影响力，并在互联网中充分搜集用户的需求信息，提升农产品生产及仓储的有效性，而且提升农产品物流的时效性，降低配送成本。

"拼一下"商城实现了对农业生态全产业链的高度整合，以互联网为媒介，打通农产品流通过程中的各个环节，实现农产品生态链的互联网化。

◆ 众筹理念的运作

根据对用户在互联网中留下的各种数据，"拼一下"商城实现了对用户群体的细分，可以掌握对某款农产品需求相对集中的市场信息，或者是在不同的区域对某款农产品需求相一致的潜在消费者。

在掌握这些信息的基础上，"拼一下"商城引入了众筹模式，将产品在平台上进行预售，通过集中处理订单、集中配送的方式，提升产品的销量，高效精准地满足用户消费需求。更为关键的是，"拼一下"商城积极完善供应链物流系统，这不但有效提升了用户的购物体验，而且进一步提升了农产品资源的利用效率。

◆ 分享理念的应用

"拼一下"商城将拥有亿级用户流量的国内现象级社交产品微信作为自

己的销售平台，可以充分借助微信提供的流量及传播优势，来深度挖掘农业市场的巨大潜力。定位为熟人社交的微信的用户基于信任关系，构建了一个个错综复杂的社交网络，人们会将自己获得的优质产品及服务相关信息分享给自己的好友，进而可以使产品或品牌实现病毒式传播。

事实上，人们在微信中分享的不仅仅是产品或者服务，消费需求也在好友之间的交流沟通中得到分享，这些数据信息在被商家整合后可以帮助其对产品及服务进行优化，从而极大地促进产品不断创新发展。

◆ 农业种植公司化

要想实现农业的规模化及产业化，需要对农业种植进行公司化运营及管理。"拼一下"商城在全国范围内的超过 140 个水果产地与当地的生产者（主要是规模较大的农业合作社及生态种植公司）进行技术合作，提升农产品种植的规范化及标准化。

用户通过"拼一下"商城参与到产品的种植过程中，极大地帮助农产品生产者对农作物的品类进行调整，实现了农产品的定制生产，这不但可以解决农产品的滞销问题，也让消费者以较低的成本获取自己真正喜欢的农产品。

"拼一下"商城借助于"互联网 + 众筹 + 分享 + 公司化 + 农业"的独特模式，使农业的发展进入了一个全新的高度，这也促使中国农业经济朝着规模化、标准化及国际化的方向不断前进，在助力我国供给侧结构性改革的同时，也将惠及国内的 7 亿多农民群体，为缩短城乡差距提供强有力的支撑。

第 7 章

生鲜电商：
"互联网 + 农业" 时代的新蓝海

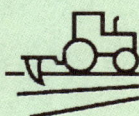

01 平台构建：生鲜电商运营的 5 个关键

在电商领域，生鲜电商被认为是最具有挖掘潜力的新兴市场。然而，与其他电商行业类似，产品标准不完善、冷链物流不达标等问题也屡见不鲜。如何克服以上问题，保证生鲜电商的良好运营呢？这就需要以消费者体验为中心，不断为其创造高品质的生鲜美食与服务，从产品与服务两个方面同步打造高品质的价值链，同时加强运营团队的构建，促进产品的立体式推进，如图 7-1 所示。

◆创造优质的用户体验

（1）提供线上线下协同体验

在消费者体验方面，生鲜电商需兼顾线上与线下，给予消费者协同体验。在线上，既要为消费者提供精美的食材展示，同时还需强化套餐选择、商品浏览等体验；在线下，则需给予消费者优质的产品体验、烹饪指导、社群互动等。

生鲜电商在为消费者提供线上线下协同体验时，需做到以下两点。

★其一，食材货真价实。无论在线上还是线下，都应为消费者提供可食用的、新鲜的食材，且在色泽、分量、大小等方面保证货真价实，切勿线上夸大卖点，线下则给予不同的食材。

★其二，提供优质服务。线上承诺厨师烹饪服务，成为当前众多生鲜电商营销的重要手段，若企业承诺消费者相关服务，应保证服务内容、服务价值等与线下美食服务相当，获得消费者的信任。

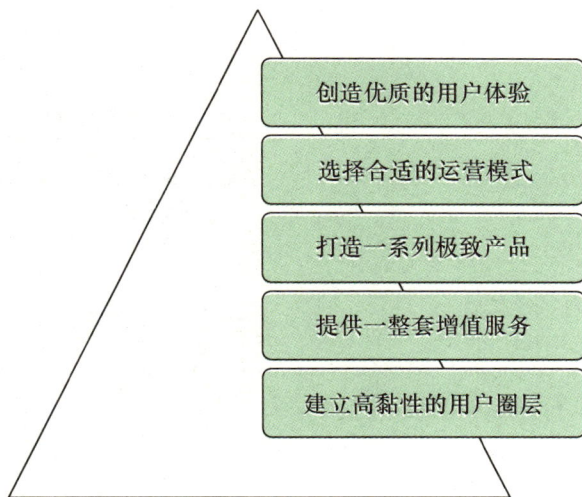

创造优质的用户体验

选择合适的运营模式

打造一系列极致产品

提供一整套增值服务

建立高黏性的用户圈层

图 7-1　生鲜电商运营的 5 个关键

（2）建立用户互动社群

目前，以营销推广为手段，以食材与服务为核心的竞争，在生鲜电商领域仍占据主流形式。而伴随社群经济的发展，社群价值群落的作用也日渐彰显，相信在不久的将来，生鲜电商的竞争将向社群建设、社区互动等方面转移，商品交易额也可能更多地由用户社区决定。基于此，企业应更多地重视消费者间的美食互动和美食内容的创造，加强社群价值群落的建立。

建立用户互动社群应突出以下两点。

★**其一，加强用户互动**。企业要积极构建线上社区，为用户提供畅所欲言的场所，同时在社区中鼓励用户自由选取食材进行烹饪，提升美食创造的积极性，促进彼此间的高效互动。

★**其二，开展线下活动**。仅建立网络社区是难以实现口碑传播的，企业应针对社区的相关话题，在线下组织会员活动，如特色食材品鉴会、同城美食会等，依靠线下活动增强线上互动强度。

◆选择合适的运营模式

（1）自营为主，适度开放平台

与顺丰优选、京东生鲜等实力雄厚的生鲜电商相比，众多的新兴生鲜电商没有大平台可以依靠，其运营模式选择更适宜"自主自营"。简而言之，实力偏弱的生鲜电商企业，可在起步阶段重点突出自有的特色产品，试图打造自有品牌，待实力提升后引入第三方生鲜品牌，为消费者带来更多的美食体验。

不难看出，企业构建"自主自营"模式，存在以下两个重点。

★**其一，打造自有品牌**。要想突出自有品牌，企业可借助主题促销活动，如自有特色食材购买优惠、合作促销等。

★**其二，平台的适度开放**。企业在自营的基础上，必要时需对平台给予开放，积极引入第三方平台，如生活服务O2O、烹饪指导机构等，增强品牌的美食服务能力，带给用户更完善、更优质的美食体验。

（2）构建自主品牌生态圈

传统的单一农产品销售模式已不适用，现如今的生鲜电商市场，更需将销售与服务相结合，为用户打造高价值的美食享受。基于此，企业可选择"生态圈"的运营模式，试图为消费者提供全方位的美食服务，如优质食材、烹饪指导、休闲美食等。这就需要从原有的美食业务积极扩展关联业务，同食材生产、美食用具制造等商家合作，由多个利益体为用户提供多层次服务，也就是构建自主品牌生态圈。

自主品牌生态圈的构建，需注意以下两点。

★其一，强化用户共享。组成生态圈的各商家，应具备共同的用户群体，以便为共同的用户提供集合式服务。为此，构建生态圈期间，需针对各利益商家的用户群进行分析，包括用户年龄、收入、生活习惯等，能够入圈的只有用户相同或相近的商家。

★其二，突出服务多样化。为用户提供多种多样的社区生活服务，是自主品牌生态圈构建的主要特色，为此应确保圈内各利益商家，能够紧紧围绕社区生活提供各种不同的服务，如食材、饮料、美食、烹饪、上门服务等。与此同时，为有效规避圈内出现的恶性竞争，维护圈内各个商家的利益，每个商家都对其服务项目存在独占性。

◆打造一系列极致产品

（1）鼓励用户参与生鲜产品的创造

产品是否极致，企业说了不算，最终评判的是用户。身处移动互联网时代，若继续沿用传统制造方式制造美食，很难将产品做到极致的。为此，生鲜电商品牌应积极鼓励用户参与产品制造，无论是选择食材，还是设计美食套餐，都应多与用户进行互动。

那么，怎样才能让用户深入参与到生鲜产品的制造中呢？

★首先，品牌在新产品上市、制作菜品组合等期间，应积极了解用户的想法，参照用户建议对自身的产品进行优化。

★其次，鼓励用户参与产品的研发过程，由用户进行菜品设计、菜谱创造等，并让用户参与产品的评选活动，如最佳产品的评选。

★最后，为用户提供美食定制服务。品牌可借助社群平台，引导用户定制农产品、菜品、菜谱等。

（2）赋予产品一定的精神内涵

淡化产品本身，赋予产品更多的人文情怀，也是获得消费者高度认可的营销手段。我们以"本来生活"为例，这个专注于中国家庭的生鲜网购平台，自2013年先后创造了褚橙"柳桃""潘苹果"等多个神话。

下面我们就分析一下生鲜电商品牌卖情怀的方法有哪些。

★其一，**蹭热点**。这里所指的热点并非网络热点，而是行业热点，也就是农产品行业十分重视的产品品质与食用安全性。若能将行业热点成功嫁接到电商品牌中，品牌的安全、高品质特色必将成为卖点。

★其二，**加强与农业领域知名人士、企业家的合作**。名人、企业家都有着丰富的创业经历，采取产学研结合的方式，充分挖掘名人的励志故事，将其作为产品亮点，帮助提升品牌的知名度与美誉度。

★其三，**彰显企业历史**。企业特质往往在企业历史中有所体现，将企业的发展史、创始人的成长史等信息传递给用户，在企业历史情怀的渲染下，品牌影响力也会随之提高。

（3）借助多个终端程序实现多屏联动

伴随移动互联网时代的到来，商品在各个终端程序中的信息透明度日益提高，用户也随之提出越来越细致的要求，尤其是网络社区用户。如何突出食材价值、产品精致细节，成为生鲜电商需要重点考虑的问题之一。到目前，在生鲜电商运用方面，各品牌企业几乎达成了某种共识，就是借助多个终端程序（PC端、移动端），以多屏联动的形式打造极致产品。

多屏联动到底如何实现呢？

★**第一步，设定美食主题**。实现多屏互动，首先要保证不同终端的美食主题相同，例如，同为养生美食，同为季节美食，等等。

> ★第二步，强化内容表现。统一主题后，则要从内容上进行差异化设计，不同终端呈现不同的内容形式，例如，PC 端强化社区互动，而移动端则强化精致食材的内容表述等。
>
> ★第三步，进行主题促销。促销活动是保证多屏联动的强有力方式，品牌可根据每季度的主题设定，借助促销活动的开展，将主题产品呈现给用户。

◆提供一整套增值服务

（1）为用户提供线下终端体验

从当前生鲜电商的发展现状不难看出，很多电商品牌还没有充分认识到线下实体终端建设的重要性，将大量的资源投入生产基地建设或消费者引导方面。但是，线上线下协同服务是电商领域的重大优势，品牌企业为用户提供线上服务的同时，必须加强线下终端的服务能力，带给用户更多的实体体验。

例如，线下终端积极开展食材选择、烹饪演示等体验活动，并将品牌具备的智能设备展示出来，将多样化的体验充分展现给用户。抑或将线下终端作为会员用户的据点，定期联系品牌的网络会员，或者深入开发商圈的周边会员，做好会员活动的相关工作，促成线上线下的协同互动。

（2）提供线下烹饪服务

不论是针对生鲜产品，还是相关的服务，都应将其做到极致，为用户创造高品质的美食享受。而所谓的美食享受，并不单指选择优质的食材，同样包含创造美食，这就要求电商平台应积极为用户提供烹饪服务。

由于烹饪指导与服务并非生鲜电商品牌的突出优势，故而生鲜电商可选择强强联合的方式，为用户提供高品质的服务。例如，与生活服务 O2O 这样的大平台合作，抑或联合资深厨师，由他们提供相关的烹饪服务，而品牌方则提供特色食材。此外，为提升用户黏性，电商品牌与服务方合作的同时，还可多开展联合促销活动，如购服务卡送食材、购食材送服务卡等。

◆建立高黏性的用户圈层

（1）以极致的菜品培养种子用户

据调查，凡是对美食情有独钟的用户，往往对美食的要求也是极高的。生鲜电商要想增强用户黏性，让美食用户持续在平台进行消费，首先应将产品做到无可挑剔。只有极致的菜品才更容易俘获美食用户的心，成为生鲜电商的种子用户。

怎样挖掘极致菜品并用于培养种子用户呢？

★其一，让用户自行创造极致美食。例如，借助"美食DIY活动"，积极鼓励用户自我创造，用户体验后完成评定，从中发掘潜在的极致美食。

★其二，以特色食材打造美食。生鲜电商可邀请名厨，借助品牌拥有的特色食材，精心打造美食，并依据用户的体验感受，不断对菜品进行改良，将其做到极致。

（2）借助口碑营销推动用户互动

在移动互联网时代，生鲜电商用户黏性的增加，很大程度上取决于用户的互动程度，若能在食材选择、分享美食的基础上，实现与用户深入交流，促进用户的持续消费也不是难事。为了让用户积极地参与到社区互动中来，创造口碑事件是必不可少的，借助口碑营销培养品牌意见领袖。

一方面，生鲜电商可借助公众号平台，定期推出相关活动，如"特色美食烹饪""特色食材巡礼"等，向用户及时地推荐优质的食材或菜品，通过内容表现引发互动；另一方面，给予高度互动的用户相应的回报，如定期发起话题讨论，以优惠券、积分等方式回馈活跃用户，从而调动用户参与互动的积极性。

（3）促进社区的线上线下联动

在线上，生鲜电商拥有一定数量的微社区，每个社区都有一定的粉丝积累，社区互动性相对较高；而线下，社区会员积累不足，社区的互动活动也普遍较少。若想增强用户黏性，仅靠线上互动是不够的，未来生鲜电商必将促进线上与线下社区的协同联动，在线上进行交流与传播，在线下进行活动体验。

要想真正实现社区的线上线下联动，既要互通会员数据，还需联动会员活动。前者需要电商品牌将会员权益互通互联，即无论是线上会员还是线下会员，享有的特权是相同的；后者则需线上线下共同进行主题活动，如线上领码、线下取货。

O2　圈住用户：如何圈住 4 类核心用户

用户群体即目标消费人群，在营销中占据核心地位。在生鲜电商领域，用户群体种类繁多、覆盖面广，如本来生活以大众人群为主，天天果园则以喜爱水果的人群为主。基于用户群体的不同，各生鲜电商品牌形成了自己独有的核心价值，但是无论怎样，生鲜电商运营的核心，始终离不开用户。圈住用户，努力构建品牌的用户圈层，才是保证生鲜电商品牌可持续发展的关键。

◆生鲜电商的 4 类核心用户

从产品分类来看，生鲜电商涉及多种多样的产品，如时令蔬果、牛奶乳品、粮油、海鲜水产、蛋肉、家禽等；依据不同品牌的用户群体来看，既有面向高端精英的品牌，也有致力于为大众消费者服务的品牌。而按照用户的特点划分，生鲜电商的重度用户分别为极食客、发烧友、爱好者和折扣狂这 4 类用户，如图 7-2 所示。

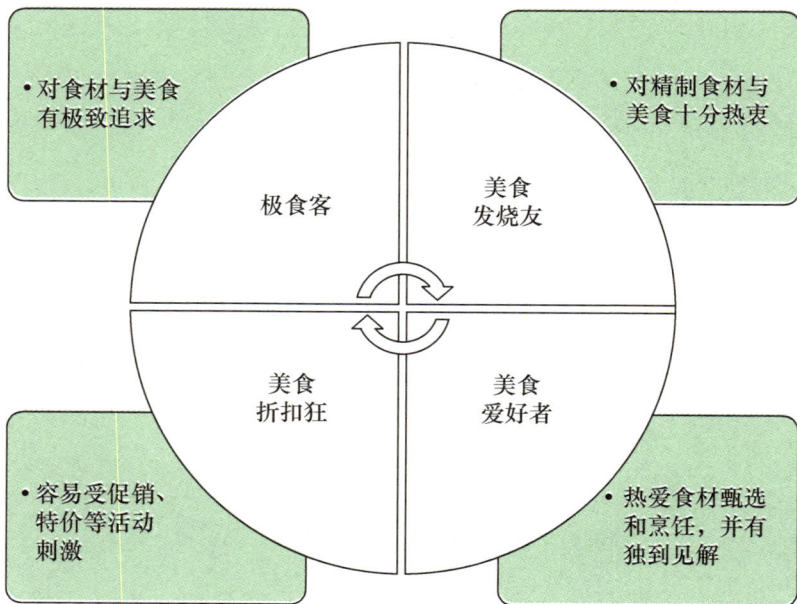

图 7-2 生鲜电商的 4 类核心用户

以上用户具有不同的消费特点，因此对生鲜电商平台而言，其具有的商业价值也不尽相同，但综合来看，无论针对哪一类用户，生鲜电商平台在运营时都需要把握以下两大原则。

（1）用户体验是品牌价值塑造的基础

任何一个品牌都有自己的核心价值，以生鲜电商品牌为例，"喵鲜生"致力于为用户创造新鲜的美食享受；"美味七七"则重视高品质的厨房美食打造；"本来生活"则追求有价值的生活体验。然而，若没有了用户参与及体验，无论是怎样的品牌价值，都无法成功塑造，也就无法成为品牌企业独有的魅力。生鲜电商在塑造品牌的价值时，应充分认识到用户体验的重要性，将用户体验作为导向，由体验匹配品牌价值。

（2）由 VIP 用户逐步辐射至圈层

生鲜电商发展的初衷，是希望可以给消费者提供优质的食材、精致的菜系套餐，进而为用户创造高品质的美食享受。但是，市场调查结果显示，25～35 岁的精英人群已成为当前生鲜电商消费的主力军，其消费动机不是为获得美食享受，更多的是看中食材获取的便捷性、烹饪的快速性。在用户消费认知还不足的情况下，生鲜电商首要解决的是找准核心用户，并解决他们的消费痛点，将其培养为 VIP 用户；在此基础上，品牌再逐步向圈层外用户辐射。

◆ 如何圈住 4 类核心用户

当前，生鲜电商的核心用户，则是极食客、发烧友、爱好者和折扣狂等重度消费者，若能圈住这 4 类人群，就可为品牌的可持续发展奠定良好的基础。那么，如何才能圈住这 4 类用户呢？

（1）极食客

在生鲜电商的目标消费人群中，极食客对食材与美食存在极致要求，往往被视为"另类"人群。但是，正是这种极致的追求，让极食客成为最了解食材选择、美食创造、品牌特色的人群，亦成为与生鲜电商互动最强的人群。虽然我们无法预测这类用户能否成为品牌的忠实用户群体，但在品牌运营的前期，他们一定是最早接触品牌，也是最核心的用户群。要想圈住这类用户群，生鲜电商品牌必须从打动其内心入手。

★ 亲近原则

在生鲜电商的起步阶段，品牌企业最亲近的人往往是品牌企业最优质的资源，也是最有可能成为第一批用户的人群，如创始人的良亲挚友、各高管的亲属朋友等。任何一个品牌在发展初期，核心价值尚不能呈现给用户，想快速找寻对食材或美食认同的用户是非常困难的，为此品牌应发挥"创始人魅力"，找寻对创始人或企业存在认同的用户。待第一批用户对食材或美食体验后，必将优质的美食与他人分享，而借助社群平台的分享交流，可增强用户的黏性与互动性，进而提升品牌的知名度。

★ 专业原则

生鲜电商的运营离不开专业的团队，包括美食专家、运营人才、客服人员等，这些隶属不同领域的专业人才，可在品牌圈粉中发挥重要的作用，也存在极大的可能成为品牌的种子用户。

极致的美食需要专业的人创造，圈住最专业的人，根据其行业背景、美食体验，为食材的选择或菜品的研发打造多种多样的消费场景，可极大地推动品牌企业前期的市场运营。此外，最专业的人所创造的专业美食，也有助于吸引更多专业的用户，从而带给用户更极致的美食享受。

★ 互动原则

在生鲜电商运营前期，极食客用户数量偏少，但该类人群消费次数多、金额大，存在较高的社群黏性与品牌认知度，品牌企业应重视极食客用户资源。在食材选择、美食创造等方面，品牌企业应站到用户的角度进行研发与创新，积极鼓励极食客深入参与其中。如研发团队可邀请种子用户对研发的菜品进行口味测试，采纳用户意见对菜品进行改良；或者，从极食客用户群体中选择美食代表，深入思考食材选择与烹饪等相关问题，为研发团队定期提供独立意见。

（2）美食发烧友

美食发烧友对精致食材与美食十分热衷，不仅用户人数多，且存在较大的消费基数，是生鲜电商品牌步入正轨后的核心用户群。由于在食材选择与烹饪方面，美食发烧友存在极大的兴趣，无论是菜品的研发，还是品牌的互动，抑或其他社群活动，他们都是最活跃的用户群体。基于发烧友对美食的热爱，生鲜电商可挖掘他们的兴趣点，激发用户参与互动的积极性，如鼓励用户参与 DIY 活动、美食达人互动等。

★ 搭建 DIY 平台

不论是在食材的选择上，抑或在美食创造方面，发烧友都存在一定的兴趣与功底，甚至在自己所处的圈层中有着"美食达人"或"专业吃货"等美誉。因此，发烧友特别重视食材的自主选择、美食的自主创作，更愿意分享极致美食，例如，豆果美食收集的大量 UCG 内容便向我们证实了这一点。

掌握了美食发烧友的兴趣所在，生鲜电商品牌要做的就是为他们搭建一个平台，主动向其提供特色食材，鼓励发烧友积极参与美食的创造。为此，做好以下 3 点是至关重要的。

第一，要为用户供给有特色的食材。为增强吸引力，应尽量减少普通食材的供给，多以特色食材供给为主，让用户各显其能、大展身手，为大众菜平添花样。

第二，搭建自主创作平台，营造开放氛围。在美食创造方面，美食发烧友有着自己的独到见解，品牌企业需提供一个创作、交流的平台，既发挥各自的特长，又彼此合作、共同进步。

第三，线上线下协同发展。DIY 平台应具有可秀、可用两项功能，若要秀美食，则离不开线上的社群互动；若要创造美食，则离不开线下的 DIY 活动。

★ 促成美食达人联盟

美食用户圈其实属于一个较小的圈子，圈内成员都热爱美食，擅长精致食材的选择，喜欢自主创造美食。要想提升美食用户的黏性，单纯地提供"秀场"是不够的，我们应重点考虑如何让美食达人结盟，组成黏性更高的群落，提升美食达人的活跃度。

首先，掌握用户详细信息，如城市、职业、年龄、爱好等，依据以上要素进行分组，让地域相同、爱好相近的用户组成群落小组。其次，促进各群落小组间的互动。品牌企业推出各种美食活动，如"美食创造比赛""十佳美食评选"等，鼓励每个小组参与，将各个群落小组联合在一起。随着美食达人联盟的不断成立，用户黏性也随之增加。

★ 传递美食文化与情怀

"发烧友"是指那些对某类事物非常执着的人。那些执着于美食享受的人，则被称之为"美食发烧友"。他们不仅对美食创造存在极高的兴趣，更十分关注食材的甄选与美食享受，因此可通过打造相关活动来实现。

这类活动应该突出文化与情怀的传递，让用户真正认识到美食的价值。

无论是美食的专业性，还是视觉、口感，品牌都应追求极致，将美食文化传递给用户。同时，品牌还需将特色美食具有的情怀传递给用户，这种情怀不仅是对舌尖的满足，更应该是对美食的极度热爱。

（3）美食爱好者

在生鲜美食爱好者眼中，食材甄选与烹饪都是极其快乐的事情，且很多爱好者对菜品口味、烹饪技巧等方面有着自己的独到见解。生鲜电商品牌需要为美食爱好者提供一个互动交流的平台，在这个平台上秀出更多的美食内容，促进不同用户群体交流，也可聘请专业大厨为美食爱好者提供专业的指导。

有了互动交流的平台，品牌与用户之间不仅可以分析某道名菜的具体做法，还可详细分析其食材选择、烹饪手法等，在原有的基础上进行创新。与此同时，不同用户群体之间的广泛交流，会让社群人气大增，此时品牌应积极鼓励用户秀出更多的美食内容，以优质的内容吸引更多的用户。

★ 提供品牌开放空间

伴随互联网时代的到来，品牌运作将面临更广阔的市场，若不能适度开放品牌空间，企业将困在自我空间中举步难行。为此，生鲜电商应加强与用户的交流，将品牌特色、产品优势充分展示给用户，并适度地向用户开放生产基地、物流配送、用户体验环节等。而以上也将是未来生鲜电商"品牌开放日"的核心内容。

何为"品牌开放日"？实际上，就是指品牌企业对外开放运作模式，并让优秀的美食爱好者参与到品牌的运作之中。例如，美食爱好者亲身前往生产基地采摘食材，参与冷链物流配送，深入客服中心体验美食服务等。美食爱好者深入企业参观、与企业间的沟通及互动，都有助于用户更深入地了解品牌、认同产品，提升用户忠诚度。

★ 开展线下同城活动

与单一的线上互动相比，线下同城会更利于会员互动。因此，生鲜电商品牌应高度重视线下互动平台的搭建，借助同城活动加强美食爱好者间的经验交流。例如，开展同城美食体验活动，与酒店、餐厅等合作举办"美食品尝会"，让美食爱好者畅谈烹饪经验；举办同城菜品促销活动，采取赠送礼品、购物送卡券等方式，吸引更多的美食爱好者参与。当然，线下的同城活动不仅限于此，邀请名厨进行演讲、举办美食类竞赛等也是很好的形式。例如，餐饮 O2O 平台可以联合生鲜电商品牌、名厨、知名餐厅等多方举办美食活动。

（4）美食折扣狂

生鲜美食消费群体中存在这样一类特殊人群，他们对食材甄选的兴趣不浓，也不特别擅长制作美食，但受促销、特价等活动的刺激，构成了庞大的生鲜产品消费群体，我们将其称为"美食折扣狂"。"占便宜"是这类群体存在的明显特征，生鲜电商可通过团购、发放福利、购买折扣等多种形式，刺激折扣狂用户的直接消费，进而提升品牌的知名度。

★发放折扣增加流量

在生鲜电商领域，折扣狂是数量庞大的消费群体，对品牌的影响力不容小觑，刺激该类群体购买产品、增加客流，常用的折扣方式有如下几种。

> ★开展异业合作。联合社区 O2O、餐饮 O2O 等，规定消费者购买任何一家商品，都可获取合作企业的折扣卡、优惠券等，以联合折扣增加双方平台的流量，实现双方共赢。
>
> ★开展抽奖或送礼等游戏类活动。小游戏、抽奖活动等具有很强的吸引力，生鲜电商品牌可设置"抽奖大转盘"，让用户抽取幸运礼品，当然为增加用户兴趣，获奖率越高越好。
>
> ★发放内部优惠券。针对消费频繁或消费额度高的优质用户，生鲜电商可给予一定的优惠奖励，例如，按消费金额发放不同的优惠券，给予限用时间，促进用户多次购买。

★发放福利扩大圈层

在购买折扣的刺激下，生鲜电商平台的客流量虽有所增加，但必须加强沟通、互动，以增加用户黏性、留住流量，进而提升品牌的影响力。对此，生鲜电商还需采取发放福利的形式，增强与折扣狂用户的互动。

福利的形式有多种，我们不妨了解以下几种。

★特价购买优惠。生鲜电商设定一定量的会员特价商品，用户若想参与特价商品的购买，需将电商微官网、微信号等推荐给好友，完成推荐后凭截图则可获取参与资格。

★额外优惠。类似于购买折扣，生鲜电商可给予优质的用户额外优惠，如发放代金券、优惠券、以更优惠的价格购买特定的商品等。

★参与活动增加会员积分。品牌企业会定期推出扫码、转发等活动，指定时间内会员完成相关信息的转发，如品牌咨询、公司促销活动信息等，用户则可增加自己的会员积分，甚至能够赢得参加线下同城活动的机会。

★自主参与获得优惠

伴随网络社群的不断发展，"微社区"日渐发挥出越来越重要的品牌传播作用，将成为生鲜电商品牌"圈住折扣狂"的重要阵地。目前，微社区的强大传播力度，不仅明显扩大了活动的影响力，更促进了优惠活动的服务创新。

生鲜电商若要想更好地服务折扣狂用户，应充分运用好社群平台，积极鼓励用户自行组织，从中得到优惠体验，以下3种方式就是很好的实例。

★限时团购。生鲜电商品牌可在促销狂欢节（"618"大促、"双11"等）期间，开展限时团购活动，让用户自行组团，待团购人数与金额达到一定标准后，团购的组织者可免单获取商品。限时团购不仅让用户得到优惠，同时也增加了品牌人气，是众多生鲜电商比较重视的一种方式。

★设定优惠等级，推动普通用户向高级会员转化。生鲜电商可根据用户的参与力度给予不等的优惠，例如，对商品评价高、内容发表多的用户，可享有更实惠的商品；而越高等级的会员，所享有的优惠就越多，用户只需不断积累积分，凭积分升级即可，这在很大程度上会推动折扣狂进行消费与分享。

★充分利用"微社区"，借助朋友圈转发优惠活动信息或"分享链接"，生鲜电商可根据分享者转发的次数给予折扣优惠，也可根据分享链接的成交量多少，给予分享者一定的积分、礼品、优惠券等。

03　冷链物流：打通生鲜电商"最后一公里"

伴随国民物质生活水平的提升，以及网购环境的日益完善，生鲜食品的市场需求越来越大，生鲜电商成为电商业角逐的最后蓝海。然而，伴随生鲜电商的不断增多，"冷链物流"这一发展短板日益凸显。食品冷链由 4 个部分构成，分别是冷冻加工、冷冻贮藏、冷藏运输及配送、冷冻销售，而任一环节的建设都存在严重挑战，可能阻碍生鲜电商的快速发展。

冷链物流建设是保证食品性能与质量的系统工程，涉及环节众多，所需投入资金大。为更好地构建冷链物流的标准化体系，提升冷链物流的集约化水平、扩大运输规模，我国积极尝试自建冷链，并努力发展第三方冷链物流。当前，冷链物流的市场需求不断增加，加之跻身生鲜电商的投资企业也越来越多，相信未来几年内，第三方冷链物流将呈现爆炸式增长。

◆不断升温的生鲜电商

2015 年之前，生鲜电商领域的主力军还是那些中小玩家，步入 2015 年后，多家企业开始试水生鲜电商，生鲜电商市场快速进入爆发期。如今，生鲜电商涉足企业既包含多家巨头企业，如阿里巴巴、京东、顺丰、1 号店、苏宁、亚马逊等，许多创业企业也试图分得市场红利，如本来生活、菜管家等。

我们借以下几个企业发展，分析一下生鲜电商的发展态势。

> ★ 1 号店
>
> 2015 年，1 号店开始成立生鲜事业部，将生鲜列为企业发展的重点品类，并不断提升生鲜产品的品质，从物流配送、供应链等多个方面提升竞争力，以期快速在生鲜领域占领较大的市场份额。
>
> ★ 乐视
>
> 2014 年 8 月，乐视推出"乐生活"平台，开始试水生鲜电商，平台负责人则由蒋正文（原本来生活网副总经理）、李锐（酒类垂直电商平台网酒网 CEO）出任。据悉，目前乐视生态农业基地已在临汾建成，涉及商业项目众多，将包含农作物种植与采摘、观光旅游、酿造加工等。
>
> ★ 亚马逊
>
> 在众多企业大佬进军生鲜电商市场的同时，亚马逊也不甘落后，携巨额入股生鲜电商美味七七，首笔投资高达 2000 万美元。据了解，美味七七自 2013 年成立以来，不断向上海、浙江、江苏及其周边提供高品质生鲜产品，且全程配以冷链实现 24 小时配送服务。

在生鲜平台及企业数量不断增多的同时，生鲜电商市场的覆盖范围也不断扩大。以天猫、顺丰优选等为例，他们选择北京作为试点城市，随后冷链运输的范围慢慢向外辐射，最终由北京一个城市覆盖至天津、杭州、上海、广州等 100 多个城市。

与此同时，生鲜电商间的合作也更加频繁、紧密。就以京东为例，一方面京东与国内多个垂直生鲜电商合作，如本来生活、顺丰优选、天天果园等，一起努力开拓市场；另一方面，加强与国内外的诸多品牌签署战略协议，强化供应链的深入合作，如与獐子岛、双汇等的合作。

合作是促进生鲜电商发展的关键，但并非是其升温的最主要因素，实际上，造成生鲜电商骤然升温的是市场利润。当前，市场上很多垂直品类已处于过度竞争的阶段，市场利润偏低，而生鲜品类则不同，生鲜的市场利润是非常可观的。研究表明，生鲜电商领域，生鲜品类的平均市场利润高达 40%，冻肉、海鲜的利润更高，即使扣除 20% 的耗损，其利润仍远高于其他品类。此外，生鲜品类现阶段的网购渗透率偏低，远不及其他垂直品类，若能引导消费者建立生鲜消费习惯，生鲜电商未来的发展空间必将不可估量。

当然，发展与竞争是并存的，各大平台或企业为赢得更多的市场份额，彼此争夺地盘是在所难免的。企业纷纷借助自身的优势开展竞争：有的以自身电商平台开展生鲜业务，如天猫、京东；有的则由线下卖场转向线上，如大润发、沃尔玛；有的则凭借搭建冷链物流进军生鲜电商，如顺丰优选。无论采取何种方式进军生鲜电商，生鲜电商的"烧钱"模式已经开启。

纵观生鲜电商的整体发展，目前生鲜电商还没有走出起步期，今后的 3 ～ 5 年内，电商领域最火爆的品类仍属生鲜食品，故而生鲜电商的"烧钱"模式仍会继续。

事实确实如此，自 2008 年便试水生鲜电商的沱沱工社，历经 8 年运营，耗资 1 亿元，其创始人称"目前仍不是盈利的时候"；线上渠道具备优势的京东，为吸引消费者扩大市场规模，种类繁多的预售活动层出不穷；飞牛网则依靠大润发的大力支持，在冷链配送、全球采购等方面花费巨资提升竞争力。

各个生鲜电商如此"烧钱"，钱都去往何处了呢？自然是冷链物流，若想真正实现生鲜电商蓝海，必须要建设好冷链物流。

◆ 冷链物流配送成发展短板

生鲜商品对"品质""新鲜度"的要求极高，不仅物流配送成本增加，同时存在较严重的商品损耗，这均制约了商品盈利的增加。而与其他垂直品类的商品相比，果蔬、海鲜等生鲜产品，其挑拣与筛选难以实现机械化，只能由经验丰富的劳动者逐一进行。此外，生鲜商品的加工、储存、运输等诸多环节，都离不开冷链配送，冷链物流的任何一环没有做好，都会影响生鲜商品的质量。

作为保证生鲜产品性能与品质的系统工程，生鲜产品的冷链物流，主要是指在生鲜农产品（如果蔬、肉禽等）在生产加工后，直至消费者拿到产品前，产品储存、运输、销售等全程为生鲜产品提供低温环境。具体而言，生鲜产品的冷链物流包含众多环节，各个环节中都有可能涉及包装、装卸、搬运等，为便于直接体现问题，完整的冷链物流往往简化为 4 个方面，即为冷冻加工、冷冻贮藏、冷藏运输及配送、冷冻销售。

从冷链物流的 4 个构成部分不难看出，冷链建设的资金投入是极高的，尤其针对速冻产品，其储藏、运输都必须保证温度控制在 −18℃ 及以下。而多数生鲜食品存在易腐性，食品供应链的上下游必须协调配合，提高冷链物流各环节的效率，从而延长生鲜食品保鲜的时效。基于此，配置完整的冷链物流是生鲜电商亟须解决的任务，包括人员、技术装备、冷库建设、冷藏运输工具的配置等。自生鲜食品生产加工后，食品的真空预冷、库房管理、冷藏运输、无损检测等诸多过程都是环环相扣的，任何一个环节出现纰漏，都有可能影响饮食的安全。

广东的荔枝自采摘后，需经过运输过程才能送到国内各个城市，甚至销售至国外，这期间必须采取有效手段减少腐烂，保证水果安全、新鲜，这对冷链运输提出了极高的要求。

顺丰速运在荔枝尚未上线前就开展测试，发现运输途中的挤压、碰撞、高温是造成荔枝腐烂的主要因素，将温度控制在 5℃～15℃ 可最有效地起到保鲜作用。对此，在荔枝的包装环节，顺丰速运改善了冷链运输系统，包装箱分泡沫箱、冰袋、吸塑盒三层，分别起到保护、降温、固定的作用，最大限度地防止荔枝腐烂。

此外，为让消费者吃到新鲜的荔枝，顺丰优选采取直采模式，即由顺丰优选直接派冷藏车进行收货，对果农刚刚采摘的荔枝进行零售包装，后将荔枝送往机场，采用航空运输，到达目的地后由冷藏车送往各个配送站点，再由配送站点将荔枝送达消费者。在一般情况下，同城消费者可在 24 小时内获得新鲜的荔枝，异地消费者最晚在 72 小时内收到产品；若遇到恶劣天气，顺丰优选会延迟采摘，避免运输延误影响荔枝的新鲜度。

◆顺丰优选自营冷链的案例

直至目前，国内的冷库建设仍较落后，很多的冷库尚不能达到标准要求，为保证生鲜食品的质量安全以及新鲜度，顺丰优选不惜巨额投入自营冷链。

顺丰优选利用企业原有的航空包机成功构建了快速物流体系，随后又花费巨额资金采购温控设备，自建冷库。直至目前，顺丰优选已经建立多个冷库，每个仓库都有着全面的温控配置，如冷冻箱、保温袋、冷藏箱、冰盒等，成功构建了 5 个温控区，包含常温区（0℃～30℃）、冷藏区（0℃～8℃及8℃～10℃）、冷冻区（–18℃）、恒温恒湿区（15℃～18℃），此外还设立冷冻柜，实现 –60℃的温控。顺丰优选所具有的温控跨度较大，可基本满足所有生鲜产品的存储。

冷链物流建设需要大量的资金投入，导致国内诸多的生鲜电商历经六七年的努力，仍没有在冷链物流方面取得实质性突破，更难以实现盈利。我们不妨举几个例子：优菜网致力于冷链物流建设，但因后续融资不到位最终倒闭；沱沱工社自 2008 年成立以来，冷链投入超出亿元，至今尚未实现盈利；菜管家虽获得光明集团的巨额注资，但仍旧不能实现预期的盈利；本来生活更不惜花费千万美元投资冷链建设。

综上可见，冷链物流至今仍是生鲜电商发展的瓶颈。业界发现，生鲜产品的仓储、运输、配送，都必须在低温冷链的环境下完成，若不能构建完整的冷链系统，生鲜电商难以实现长远的发展。目前，若想解决这一问题，生鲜电商无非有两种选择：一是依靠自身建设冷链，二则是选择与第三方冷链企业达成战略合作。

◆ 自营冷链 VS 第三方冷链

生鲜电商对冷链物流存在极高的要求，导致冷链物流建设的复杂性，以及高额的资金投入。"烧钱"成为冷链物流建设的显著标志，据调查，大规模的冷链建设，投资多在十几亿元，而小规模的冷链建设也超出千万元。业界往往根据冷链建设的规模大小，将其运营分为两种模式，即自营冷链和第三方冷链。

自营冷链物流，简单讲就是生鲜电商企业自行构建冷链物流体系，包含冷库的建设、控温设备的采购、专业人才的配置、先进技术的引用等，该运营模式的优势在于，能够全面掌握整个供应链的物流、商流及信息流。

该种发展模式多被 B2C 生鲜电商采纳，其原因在于：**B2C 生鲜电商消费群体遍布全国，不仅配送相对分散，且对生鲜产品的需求量不定，第三方冷链物流专业性虽强，但是难以克服生鲜网购业务的不稳定性、配送分散性、小批量性等问题，故而实力雄厚的 B2C 生鲜电商更加倾向于选择自营冷链物流。**

直至目前，自营冷链的生鲜电商不仅顺丰优选一家，沱沱工社、我买网等也在自营冷链方面取得了一定的成绩。

沱沱工社选址北京顺义，花费 2700 万元建成了面积约 6000 平方米的现代化仓储中心，既可进行冷藏、冷冻，也可进行加工、配送流通。同时，沱沱工社不惜重金采购冷藏冷冻车，为消费者提供门对门的冷链配送服务。

隶属中粮集团的我买网更是拥有卓越的冷链物流体系，消费者对其冷链配送服务极其满意。我买网不仅先后在北京、上海、顺德等城市建立独立的仓库，更组建了优质专业的物流团队，极大地提升了其冷链配送的服务水平。

　　另外，与亚马逊建立战略合作的美味七七虽然于 2016 年已经倒闭，但其在运营过程中以上海为中心，构建了企业的自营冷链物流。据悉，美味七七的上海中央仓储总面积达 1 万平方米以上，并在上海的各个区域建立了中转站点，其数量超出 30 个，每日向消费者及时配送新鲜产品。从外观来看，中转站点类似于一般商铺，但其内部均配有完善的控温设备，冷链车将订单产品送至中转站点后，即可将生鲜产品按照规定要求存储，等待配送人员配送。

　　无论是仓储中心的建设，还是温控设备的采购，以及专业人员的配置，都需要巨额的资金作为支撑，但是多数生鲜电商没有足够的实力运营自营冷链，故而选择与第三方冷链企业合作，以合作的方式降低运营成本。虽然，第三方冷链尚未在全国范围内实现全面覆盖，多数集中在特大型城市或二线省会城市，但选择该种运营模式，可以最大限度上实现资源的整合利用，因此第三方冷链所具有的商业机会其实更多。

　　调查研究表明，我国第三方冷链物流企业数量庞大，其中年营业额超出千万元的有 500 余家，冷库总存量合计 2000 余万吨，冷藏车的数量超出 3.2 万台。未来几年内，国内冷藏车的数量会持续增长，增幅约为 30%，这就意味着每年新增冷藏车将超出 8000 辆。

　　按照冷链物流的规模、主导企业性质等不同，可将当前我国的第三方冷链物流企业划分为以下 4 类。

　　★**第一类：本土大规模的物流企业**，如重庆雪峰、山东荣庆等，都是立足本土企业且规模较大的第三方冷链物流企业。

　　★**第二类：大型连锁冷链物流企业**，如永辉超市、华联冷链等。

　　★**第三类：外资物流商**。现阶段，国内的外资冷链物流企业数量众多，如澳大利亚太古、美国普菲斯、天津康新物流（美国 RICH 投资）、北京三新（中日合资）等。

★**第四类：农合型冷链物流企业。**该类冷链物流企业立足于批发市场，多以批发企业为主导，规模偏小、数量较多。

随着冷链贸易的不断增多，第三方冷链物流企业也逐渐进入整合期。目前，较多的大型冷链物流企业，凭借自身的资金、管理、技术等多方面的优势，采取与小型冷链物流企业合作的形式，调动企业间的各种资源优势，进而提升冷链物流各环节的服务能力。当然，这种资源的整合不仅对大型冷链物流企业有利，同时也为小型企业创造了更多的商业机会，将闲置资源充分调动起来。

04 分享经济时代，生鲜冷链的破局之道

分享经济的概念在 Uber、Airbnb、滴滴等公司的不断推动下，已经在全球范围内得到推广普及。随着分享经济不断渗透至各个领域，其存在的巨大潜在价值也被充分发掘出来，并对各个领域的原有商业模式及运行机制产生了颠覆性变革。在出行及酒店行业率先与分享经济实现深度融合之时，生鲜电商与分享经济的融合目前仍处于初级发展阶段。

受制于市场规模、人力成本、物流等基础配套设施、资本投资热情等方面的影响，目前国内的生鲜电商陷入了发展低迷期，而分享经济的出现则为生鲜电商打破这一局面提供了有效途径，未来几年内在分享经济的助力下，生鲜电商有望迎来快速增长期。具体来看，生鲜电商可以尝试从以下 3 个维度上借力分享经济，如图 7-3 所示。

其一	其二	其三
共享供应链，有效降低成本	共享冷链，摆脱自建冷链的重模式	共享物流，充分用社会资源打破配送困局

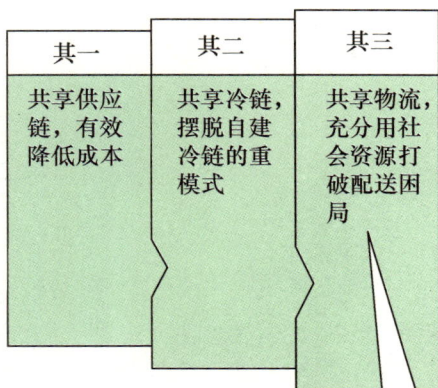

图 7-3　生鲜电商分享经济的 3 个维度

◆共享供应链，有效降低成本

近年来，随着种植技术的发展及更多现代化农业设备的投入，我国多个地区的农户种植的农作物产量得到了明显提升，但农户的收入却并未明显增加，信息不对称等方面的问题导致农户生产的优质农产品无法被市场所快速消化。在这种背景下，农户种植农作物的积极性降至极低的水平。而对于城市的居民而言，优质新鲜的蔬菜价值比普通的蔬菜价格高出几倍，菜价贵成为困扰人们的一大痛点。

而生鲜 O2O 则将提供生鲜产品的农户、农场等生产者与消费者实现无缝对接。当然，这种模式会对农产品的质量、规模、标准化提出较高的要求，普通的生产者几乎很难满足。要想真正解决农户收入低、消费者吃菜贵的问题，需要将农户整合起来，与规模较大的农场及种植基地合作，统一对农产品的品质、质量、规模等进行有效控制。

但仅靠一家生鲜电商往往很难消化农场或者种植基地生产的农产品，而且一个或几个生鲜电商在议价方面也处于被动局面。最佳的解决途径是生鲜电商联合起来共享供应链，这样不但可以获得农业生产基地提供的优质农产品，而且能够有效降低成本。

◆共享冷链，摆脱自建冷链的重模式

完善的冷链运输体系需要投入大量的资金、人力等资源，对于仍处于初级发展阶段的生鲜电商而言，往往很难实现自建冷链。虽然我国的冷链建设时间相对落后，但在庞大的市场需求的驱动下，许多资本巨头在冷链物流领域投入了大量的资源，先后诞生了一些规模较大的冷链配送服务商，一些大型的农业种植基地也开始建设冷库、冷藏车等冷链基础性配套资源，农产品保鲜难题正在得到有效解决。

此时，不具备冷链运输能力的生鲜电商，可以与第三方冷链服务企业进行合作，从而有效解决从农产品产品到消费者手中的配送难题。而且全程冷链自建需要投入海量的资源，对企业的现金流、管理水平及人力水平等提出了极高的挑战，长期来看，侧重于提供连接服务的生鲜电商并不适合全程自建冷链物流。

统计数据显示，现阶段我国的冷链物流应用率还不足20%，平均每年约有1200万吨的水果与1.3亿吨的蔬菜在运输过程中损耗。如果这些水果蔬菜可以通过冷链物流保存下来，可以满足2亿人一年的需求量。令人感到欣慰的是，目前国内的冷链物流建设正处于快速增长阶段，而且许多冷链物流服务商也开始在农村地区投入巨大资源建设冷链物流。

生鲜电商与第三方冷链物流服务商的实现冷链共享对双方都有极大的帮助：对前者而言，不用投入巨额的资金建设冷链物流，即可将农产品从生产者手中运输到消费者手中；对后者来说，投入了巨额资金建立的冷链物流需要保持高效运转，才能获取足够的收益。

◆共享物流，充分用社会资源打破配送困局

毋庸置疑的是，生鲜电商对于物流配送有着极高的要求，然而生鲜电商普遍采用的自建物流及第三方物流却都存在着明显的行业痛点。

自建物流成本较高、配送能力相对较低、对配送人员的管理相对困难，

配送服务难以实现规模化及标准化。第三方物流通常提供的是隔日送及次日送，农产品需要经过多个配送网点的周转，保鲜问题尤为严重，对消费者的购物体验带来极大的负面影响，重复购买率处于极低的水平。此外，第三方物流配送的成本相对较高，目前生鲜电商本身就未实现盈利，这种高成本最终还要由消费者买单，最终将导致生鲜电商发展受阻。

事实上，众包物流是淘宝、天猫等综合性电商平台解决"最后一公里"配送问题的有效途径，这在生鲜电商领域同样如此。众包物流是将原来需要招募员工、购入配送工具进行物流配送，转变为由具备闲置时间及闲置资源的人们完成配送，而且基于 LBS 技术，可以尽可能地实现农产品的同城配送，在提升配送效率的同时，也降低了配送成本。和滴滴、Uber 等互联网出行公司类似的是，生鲜电商产品的众包物流配送同样采用抢单制，可以充分利用社会资源，并提升参与配送人员的收入水平。

互联网，尤其是移动互联网开启了一个平等、自由、开放、共享的时代，闲置的设备、人力、时间、资金等资源将得到高效利用，使出行与酒店行业产生颠覆性变革的 Uber 与 Airbnb，让我们有幸见证共享积极爆发出来的巨大能量，在分享经济浪潮愈演愈烈的背景下，只有善于抓住机遇的企业才能在激烈的竞争中打破僵局并走向成功。在分享经济的助力下，我们有理由相信，生鲜电商将会打破限制自身发展的诸多痛点，最终实现跨越式发展。

05　生鲜电商 O2O：困局、竞争与机会

生鲜 O2O 作为一种近两年逐渐兴起的新兴模式，在 2015 年迎来了快速增长期，各种全新的生鲜 O2O 创业创新活动层出不穷。从整体来看，生鲜 O2O 是一种以服务小型商家的采购需求为核心驱动力，通过集中化采购、统一配送等方式，使中小餐饮、水果门店等商家享受方便快捷的一站式生鲜采购服务。表 7-1 展示了目前生鲜 O2O 领域内的企业的商业模式及发展状况。

表 7-1 生鲜 O2O 领域内的企业的商业模式及发展状况

企业	商业模式				发展状况	
	模式选择	业务链解析	产品品类	核心竞争力	业务规模	融资情况
鲜供社	轻模式、供应商采购商信息对称	市场推广+APP研发+金融+售后服务	食材供应全品	供求信息交互	目前较小规模	天使轮
莲菜网	重模式、源头采购对接下游餐饮企业，利用第三物流	手机下单+接单采购+免费配送	食材供应全品	下游餐饮企业强大的采购能力	目前业务仅覆盖河南	具体情况不详
特易得	重模式与轻模式之间，直接在批发市场采购，对接中小餐饮企业，利用社会闲散物流配送	手机下单+市场采购粗加工+社会物流配送	食材供应全品	模式较轻，个性化服务	客户覆盖天津市内6区、20个核心商圈	天使轮
冻品汇	重模式，集中采购，对接上游品牌供应商，形成议价能力，自建物流团队	上游知名品牌商+免费送货上门+价格的绝对优势+专业支持后续服务提供增值信息服务	冷冻食品	专注于冷冻品行业，服务做到极致	现阶段只送四环到六环之间的商家	天使轮
天天果园	重模式、优选供应渠道、自建专业仓储冷链配送以及建立客户服务标准和体系等举措	预订模式+全球采购+全供应链保障物流、配送	国内外生鲜水果	专注水果行业	规模较大，2014年销售额突破5亿元	2015年5月D轮融资
蔬东坡	重模式，选择自己在供应链上有优势的单一标品或者类标品供应给餐厅	上游有优势的供应商+微信下单+社会化物流配送+O2O云解决方案软件及服务的售卖	米面、食用油、餐具、清洁用品	满足餐厅单品采购的需求	初创公司、规模较小	天使轮
易买果	轻模式、供应商采购商信息对称	市场推广+微信平台订购+第三方配送+售后服务	水果类及水果包装	供求信息交互	目前规模较小	具体情况不详
火锅食材网	轻模式、供应商采购商信息对称	平台广告+淘宝店铺+第三方配送+店家自行售后	火锅食材类	供求信息交互	目前规模较小	具体情况不详
小农女	轻模式、线下格子铺配送	市场推广+微信平台订购+第三方配送+售后服务	食材供应全品	线上线下相结合发展社区O2O	目前仅在广州深圳发展，规模较小	A轮
大厨网	轻模式，供货商自行配送	市场推广+微信平台订购+市场原有供货商供货+供货商自行配送	食材供应全品	综合原有供应商的渠道	规模较大	A轮
集配号	供应链结成O2O	采购招标+产品分销+APP应用+网上展会	冷冻冷鲜食材	全国一线城市10家线下体验店	整个餐饮采购行业影响力全国第一，业务量增速100%	具体情况不详

（续表）

企业	商业模式				发展状况	
	模式选择	业务链解析	产品品类	核心竞争力	业务规模	融资情况
链农	规模采购	APP＋微信公众号＋在线交易＋自建物流	餐饮全系列产品	自建物流＋定制式配送＋本土化发展	急速扩张阶段	B 轮 3000万美元
香满园	实体转型	在线交易＋商超经销＋终端配送	水果、干果等食材	本土化＋仓储物流＋市场基础	年成交额破亿元	具体情况不详
新味网	半成品生鲜电商	食谱＋食材	西餐半成品食材	专业大厨食谱研发	目前较小规模	天使轮
美菜网	重模式，源头农产品、蔬果采购服务	市场推广＋微信平台订购＋自营仓储物流＋售后服务（退货等）	食材供应全品	产地资源＋仓储物流	规模较大，全国铺了四五万家中小微餐厅	B 轮蓝湖资本、顺为 5000万美元
多利农庄	重模式，自营种植基地，toC、B	种植基地（农产品、肥料等）＋自有冷链＋PC 会员直销平台＋售后服务	果蔬、肉禽、水产、副食	自营种植基地＋仓储物流＋平台 10年运营经验＋包装体系＋客单高	总部位于上海，规模较大，会员数过万，年营收过亿元	2011 年两轮 共 1.8亿元人民币
一地一味	相对较轻，原产地统一采购进仓	C28 订单收集＋食材产地寻找＋统一采购进仓抽检＋PC、APP、微信商城平台＋平台运营＋售后体系	餐桌食材、干货、粮油米面、茶品	C2B 预售模式＋产地农民集采（产地供应链经纪人）	业务范围北京、杭州、深圳，1000+供 应 商，500+O2O 合作网点	2014 年 8月数百万天使轮

◆困局：模式同质化、资金需求高

据市场研究机构发布的生鲜 O2O 市场研究数据表明，目前生鲜 O2O 领域正由于市场化竞争而陷入发展困境。

成立较早的 O2O 生鲜所采用的模式同质化问题十分突出，基本上就是选择购买力相对较强的城市，采用"微信服务号＋低成本大批量采购＋地推扫店"的发展模式，提供的生鲜产品主要是人们日常食用的蔬菜、水果等，产业链上游通常为规模较大的农产品批发市场，并通过第三方物流公司提供配送服务。中小餐饮及水果店是主要的目标用户，采用现款现结的方式，发展初期的目标主要是为了获取更大的市场份额及用户流量。

目前，国内的生鲜 O2O 企业很少具备覆盖全国市场的实力，通常服务于特定的区域，这与生鲜行业自身的特征存在着密切的关联。生鲜配送及供应基地对本地化的服务能力有着极强的依赖性，而且生鲜产品对物流的时效要求十分严格，早上 8:00 以前必须送到每个用户手中。

此外，O2O 商业模式融资难是一个普遍现象，多数的生鲜 O2O 企业仍处于天使投资阶段，美菜、链农等已经进入 B 轮的生鲜 O2O 企业仍是凤毛麟角。所以，没有足够资金支撑的生鲜 O2O 企业向更广阔的市场扩张的速度受到了明显的限制。

生鲜 O2O 企业在系统建设、物流配送及供应链管理方面的能力比较缺乏，其资金主要用于招募核心人才及开发平台，并未重视商业的服务，导致商家重复购买欲望较低。而类似肉禽、冻品、海鲜等对供应链管理能力要求极高的生鲜产品，鲜有生鲜 O2O 企业涉足其中。

生鲜 O2O 行业的发展，陷入了市场覆盖范围及经营产品品类扩张的瓶颈期。要想扩大经营产品的品类，需要在供应链方面投入大量的资源，生鲜产品的复杂性与较高的成本也意味着该领域很难诞生出全品类的行业巨头。如果想要扩大市场覆盖范围，生鲜 O2O 企业需要将其建立的地推、仓储、配送及供应链管理体系等复制到不同的区域，并根据当地的特征实施本土化改造，这显然需要投入海量的资金。

因此，生鲜 O2O 企业会面临与各个细分市场内的经销商、渠道商的激烈竞争，为了集中自身的资源及精力实现单点突破，以果乐乐为代表的生鲜 O2O 企业选择了在水果市场精耕细作。

◆ 竞争：跨行业、跨区域的激烈竞争

进入 2015 年后，生鲜 O2O 领域内的竞争不再只是小规模的同区域竞争对手间的小打小闹，而是逐渐演变成为跨行业、跨区域的惨烈厮杀。一些为 C 端消费者提供服务的企业开始向 B 端及 O2O 领域不断扩展。例如，饿了么与天天果园开辟了食材 2B 模块，一些得到资本巨头支持的 O2O 生鲜企业开始向区域内的竞争对手宣战，诸多资金缺乏的区域型生鲜 O2O 企业在这场战争中倒闭或被兼并收购。

此外，生鲜市场中以传统渠道商为代表的诸多传统企业也加入到生鲜 O2O 战场中来，虽然这些企业缺乏互联网基因，但凭借在线下服务网站、仓储及配送方面积累的资源，同样会对生鲜 O2O 企业带来一定的威胁。

一些处于产业链上游的生鲜品牌商开始向下游市场拓展。这使得那些中小型生鲜 O2O 企业被迫转型升级，新加入的创业公司为了实现差异化竞争开始尝试竞争门槛先相对较高的细分市场。例如，蔬东坡致力于优化服务能力、O2O 系统及数据。

◆机会：规模化、服务差异化、订单农业

随着生鲜 O2O 行业的不断发展，为了摆脱同质化竞争的尴尬局面，相关从业者开始对商业模式及运营思路进行创新。目前国内绝大部分的生鲜 O2O 企业的发展规模相对较小，在行业进入加速整合期后，大量的企业会走向死亡，最终由几家规模较大的生鲜 O2O 服务企业一统市场。要想得到中小餐饮及水果店商家的青睐，生鲜 O2O 企业需要在品控、物流、供应链管理方面展现出强大的实力。

> 对于如何提升农业效率问题，美国的著名的经济学家西奥多 · 舒尔茨（Theodore W. Schultz）在其 1964 年出版的《改造传统农业》一书中给出了明确答案：
> ★制度的改造；
> ★引入先进的生产要素；
> ★农民进行人力资本投资。

生鲜 O2O 模式是要在生鲜产品的流通方面实现颠覆性变革，对生鲜流通价值链进行重塑，其从属于上述 3 种方式中的"制度的改造"。

但需要我们注意的是，未来创投界对释放生鲜产业价值关注的重点会从 O2O 流通环节向生鲜产业上游领域拓展，从行业流通机制的革新向为消费者提供优质低成本的生鲜产品方面转变。

上游生产要素整合及掌握现代农业生产能力的新农人崛起，将会成为未来农业发展的主流趋势，这也是为何布局生产基地领域的多利农庄与一地一味能够被资本巨头认可的一大核心因素。未来，订单农业与会员模式的玩法有望在生鲜领域掀起一场巨大的产业革命。

06 "O2O+C2B" 模式：生鲜电商的未来

我国的电商经过十余年的发展，各个领域似乎都已经被阿里、京东等巨头占据，毫无机会可寻。但是，近年来，有心人还是从中寻找到了一个有发展之机的领域——生鲜市场。

如今，各行各业的"领头人"都在进军生鲜市场，生鲜市场内一片热火朝天。首先，从供应链环节看，顺丰速运开发了顺丰优选业务，专门为生鲜产品提供快递、运输服务；其次，从产品销售环节来看，在水果销售领域，褚橙"柳桃""潘苹果"三大巨头已经打得热火朝天；在整个生鲜领域，不仅有阿里、京东等国内电商巨头，外资电商亚马逊也不甘其后跻身其中，甚至媒体人喻华峰（生活网的创始人）也强势进入这个领域。一时间，我国的生鲜电商市场可谓风起云涌、变幻莫测。

这些抢占生鲜市场的电商大佬们，尽管出身不同，策略不同，但有一点是相同的，就是打造生鲜市场的O2O平台。但从实际的情况来看，这种O2O电商模式在生鲜市场中并没有取得令人满意的效果。目前，我国农业电商平台有30000多家，农产品电商平台有3000多个，但几乎没有一家是盈利的。

从理论上来说，O2O模式是可行的。但是从实际的情况来看，我们不能拿其他产品的经营理论来经营生鲜产品，因为生鲜产品营销过程中的不确定因素更多。毫无疑问，就所有的商品经营市场来说，生鲜市场具有特殊性。因此，我们不能将传统的电商模式套用在生鲜市场上并期待它能产生很好的效果。未来，生鲜市场要发展，就必须有一种特殊的商业模式做支撑，这种商业模式很可能就是"O2O+C2B"。

◆ 生鲜市场的独特性

"生鲜"一词，我们在日常生活中经常能听到，但对其具体定义却不是非常清楚。生鲜是什么？具体来讲，生鲜就是没有经过烹调等深加工处理，只做了简单的保鲜处理就上架销售的产品及面包、熟食等现场加工产品的统称。其种类主要有蔬菜、水果、水产、干货、生肉、熟食、糕点等，具有保质期短，需冷藏、保鲜、冷冻储存，散装需称重售卖，在消费层面有很大的关联性等特点。

从这个角度来讲，生鲜具有一些独有的特点，如不易保存、物流配送要求高、顾客需求多样化等。基于这些特点，生鲜市场上的产品很难制定统一的标准对其进行规范，可替代性特别低，用户的依赖性比较高等。在这些因素的共同作用下，生鲜市场的前期投入巨大，生鲜产品在商业模式方面有了诸多不同，例如，对供应链冷链技术的要求很高，对产品产地的选择与产品质量的监控更加严格，对顾客消费习惯的个性化培养，等等。

根据相关数据统计和分析，到 2025 年，我国的冷链食品需求会增长到 4.5 亿吨，与现在相比几乎翻了一番。从目前来看，服装和 3C 产品是两个最大的产品品类，但是在未来，食品将会成为第三大品类，在整个网络零售品类中至少要占据 10% 的份额。

随着食品需求增长的还有冷藏配套设备，如冷藏车、冷藏库、冷藏箱等。但是，从实际的情况来看，与生鲜产品不断增长的需求相对应的是生鲜市场所产生的低效益。以 2012 年为例，我国农副产品交易总产值 2.45 亿元，但经电商交易的农产品产值仅占了 1%。说明在农产品流通领域，我国的电商依然需要探索成长，需要构建一种科学的商业模式推动生鲜市场电商的发展。

◆ 生鲜电商 O2O 的探索之路

各大企业纷纷进入生鲜电商市场，不约而同地都采取了 O2O 模式。从理论上来讲，O2O 模式在生鲜市场是适用的，二者在某些方面是契合的。

O2O 是 "Online to Offline" 的简称，意为从线上到线下，指的是将互联网和线下的商机相结合，将互联网当作前台来促进线下交易的实现。该模式的关键点在于用户可以线上支付，获取一定的优惠；同时可以线下体验，获得优质的消费体验。

对于生鲜这种对体验性要求极强的产品来说，O2O 模式一定是不二之选。O2O 模式在生鲜市场应用之后，借助于网上商城，所有的生鲜产品都可以一网打尽，顾客在选择、下单和支付方面非常便捷，在某些情况下还能获得一些优惠。同时，借助于线下的生鲜生产基地，可以保证生鲜产品的质量，带给顾客优质的消费体验。

受种种优势的影响，很多顾客都转向了生鲜电商平台。尤其是在 2013年，生鲜市场的 O2O 模式飞速发展，实现了本地化和移动设备的有机整合，更加推动了生鲜 O2O 平台在消费者中的应用和扩散。

但是受到生鲜市场独特性的影响，生鲜 O2O 模式的启动应用非常缓慢。在国外，以 FreshDirect、PeaPod、Ocado 等为代表的生鲜食品电商没有取得多好的成果；国内的生鲜电商市场更是处于摸索前进的阶段。据统计，国内 10% 的农产品企业都在亏损，甚至于以淘宝、京东为代表的电商巨头在生鲜领域也不得不小心翼翼。

但是，从生鲜产品广阔的发展前景来看，由于利益的诱惑，即便生鲜电商不好做，也总有大胆的尝试者。因此，在未来，生鲜市场的角逐状态依然会延续下去。

◆ O2O+C2B 的生鲜电商模式

基于上述种种原因，在未来，生鲜电商的模式定位应该是 "O2O+C2B"。

前面我们对 O2O 进行了解释，下面我们对 C2B 进行阐述。

C2B，"Customer to Business"，具体来说就是以消费者的需求为核心，消费者先提出需求，企业再生产。其特点如下：

> ★消费者地位平等，只要是同一厂家生产的同一产品，消费者无论通过什么渠道获得，所支付的费用都是一样的；
>
> ★拒绝暴利；
>
> ★渠道公开透明；
>
> ★供应链公开透明。

在 C2B 模式渠道公开透明和供应链公开透明两个特征的影响下，O2O 模式所产生的信任问题也就得以有效地解决了。

在生活服务类产业中，C2B 模式的应用已经非常成熟了。以家具领域的尚品宅配（C2B 模式的应用典型）为例，它借助于互联网和相关的信息技术，采用柔性化的生产方式，引导顾客参与家具的设计与制作，最大限度地满足了顾客的个性化需求。如今，尚品宅配的这种电商模式已经非常成熟了。

在实际的商业运作中，任何一种单一的模式都是无法满足需求的，往往需要几种模式结合起来才可以，"O2O+C2B"就是如此。

07　国外生鲜电商"O2O+C2B"模式的实践

◆美国生鲜电商 Farmigo 的启示

近年来，美国生鲜电商 Farmigo 作为农产品电商领域的一颗新星，非常闪耀，很多媒体都称赞它为"创新在线农产品销售平台"。

从字面意思上解读，Farmigo 的意思就是农场和用户之间相连接的平台。

从模式上分析，Farmigo 就是一个中介，将农场和顾客连接起来：对农场来说，Farmigo 就是一个在线展示产品的平台，是一个帮助产品流通的渠道；对顾客来说，Farmigo 就是一个在线的超级农产品市场，可以在其中挑选、购买优质的农产品。

受生鲜市场特点的影响，Farmigo 有一个主要特点，就是它只做高端食品。它的这种运营模式有点类似于我们通常所说的私人订制，以人为核心，打破了传统的商品思维，构建了一个真正意义上的社会化电商平台，将"附近"的顾客和当地的农场连接起来，创建了一个新型的概念——"食物社区"。

在食物社区中，Farmigo 会以该社区的用户需求为指导制作一个专门的购物网页，每个社区的购物网页都不同，领头人可以将农场中的生鲜产品添加到这个购物网页上供人挑选。那么什么样的人才能成为领头人呢？领头人的任务又是什么呢？

每个社区的领头人一定是那些具有号召力的人，因为他们要邀请邻居或者朋友加入食物社区，底限是 20 人，当然这个人数越多越好。因为 Farmigo 规定，只有至少 20 人消费的时候，才能给予折扣。另外，社区的领头人还要负责发布食品需求征集信息，发布频率为每两周一次。Farmigo 会给予这些领头人一些报酬，一般是社区销售收入的 10%+ 食品折扣，以激励领头人召集更多的人加入社区。

从"至少 20 人消费才能享受折扣"的角度来说，Farmigo 相当于团购，但是从模式上来看，它仍隶属于 O2O 模式。在这种团购模式下，生鲜电商最大的两个问题得到了很好的解决，一是物流成本问题，一是仓储费用问题。

Farmigo 的电商模式虽隶属于 O2O，但又不完全是 O2O，其中还掺杂着一些 C2B 的成分。未来，我国生鲜电商的发展也要借鉴这种模式，但不能照搬。其原因有几点：第一，我国的农场数量比较少，用户的消费习惯还需要慢慢培养；第二，国人的饮食结构比较复杂，地域差异严重，家庭差异严重，"O2O+C2B"模式的应用需要一个时间段来过渡；第三，在 O2O 模式下，生鲜产品的供应链不需要完全透明化，消费者在下单时会产生一些疑虑，对产品的安全问题有所担忧。

因此，对于生鲜电商来说，虽然 O2O 模式是第一选择，但是基于生鲜电商市场的复杂性，一个简单的 O2O 模式是无法满足其需求的：

★首先，在产品储存、物流运输环节，O2O 模式不能对其进行有效管理，快递服务不及时，不能满足用户的商品体验；

★其次，在 O2O 模式下，供应链的不透明性使得用户对产品质量有所疑虑，这个疑虑又得不到很好的解决；

★再次，O2O 模式对商家的线下实力和本地化程度有很高的要求，增高了商家的进入门槛；

★最后，O2O 模式的关注点仅在线上支付和线下体验环节，对于生鲜市场的定位、用户消费习惯的培养等没有明确的规划。

种种原因都使得 O2O 模式在生鲜电商市场的应用受限。

◆英国 Argos 的 "O2O＋ B2C" 混合模式

说起混合商业模式，就不得不提及英国的 Argos 了。Argos 是英国最成功的电商，服务着英国三分之二的家庭，其商业模式就是典型的"线下目录销售 +B2C+O2O"的混合模式。

1973 年，一家著名的零售连锁企业——Argos 成立了。这家企业经营着包括运动产品、婴幼儿用品、生活用品、娱乐器械、五金产品、珠宝、服饰等在内的 1.7 万种产品，为英国 2/3 的家庭提供方方面面的服务，却唯独不为其提供食品服务。

借助于"线下目录销售 +B2C+O2O"这种混合模式，Argos 在 2012 的销售额达到了 39 亿英镑，而在 2002 年 4 月至 2003 年 3 月这个时间段中，这个数额为 30 亿英镑。近十年来，Argos 的营业额不断地增长，充分证明了 Argos 的成功。

我国生鲜电商的发展也可以借鉴 Argos 的这种模式。

（1）便捷的线下门店购物体验

在 Argos 的线下门店中没有一排排的货架，顾客要购物只需要"选择商品—找到编码—查询库存—填单付款—排队—领取—核对"即可，整个购物过程会在 10 分钟以内完成，非常方便快捷。

（2）物流与供应链透明

在 Argos 的线下门店中，商品全部被隐藏了起来。顾客要挑选商品只需要翻阅门店提供的购物导向书即可，确定好商品之后记录商品编码，在库存查询终端查询库存：如果产品有库存就可以直接下单；如果没有库存，也可以下单，工作人员在付款的时候会告诉你什么时候能到货，一般是 1～2 天，如果能接受你就可以付款，如果不能接受就可以选择取消订单。通过这样的方式，无论是供应链管理还是库存管理，其效率都能得到很大的提升，库存成本也能得到有效的控制。

（3）满足规模化和个性化需求

为了不陷入价格战，Argos 一直都在做自有品牌的商品经营。Argos 会通过一套严格的体系对其供应商进行评估来选择代理商或者生产商，并为商品的生产和包装提出一些要求，供应商或者生产商必须按照这个要求来生产、包装，使得商品的款式非常多，以满足顾客多样化的需求，同时还能为顾客提供一个满意的价格。

尽管 Argos 采用的是"线下目录销售 +B2C+O2O"的混合模式，但其定制化生产、物流管理透明化等内容也隐藏着些许的 C2B 模式。

任何一种模式都不是完美的，C2B 模式也是一样的。C2B 模式用于生鲜电商市场也有一些缺陷，如生鲜产品的规格过于复杂、生鲜市场的产品不能实现大规模生产等。但是基于生鲜市场的特点考虑，C2B 和 O2O 结合的混合模式应该是其发展的最佳模式。

生鲜电商应用"O2O+C2B"的模式发展，在开始的时候要专注于"小而美"，以本地化的高端市场为切入点，培养消费者的消费习惯，以推动生鲜电商在"O2O+C2B"模式下得到更好的发展。

第 8 章

"互联网 + 休闲农业":
创新现代农业发展方式

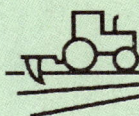

01 休闲农业：有效提升农业附加值

近年来，居民收入不断增长，对度假养生、农事体验、休闲观光的消费需求不断增加，在这个基础上，产生了一种新型的消费业态——休闲农业。

在国家相关政策的引导下，在推进农业、工业和服务业融合的大背景下，休闲农业在我国开展得轰轰烈烈。截至 2014 年年底，我国的农家乐有 150 万家，接待了 10 亿人次的游客，年收入达 3000 亿元，从中受益的农民人数多达 3000 万。但在休闲农业发展形势一片大好的背后，也存在诸多发展困境，如信息传播不畅、产品同质化现象严重、行业恶性竞争现象频发、欺客宰客问题恶化等。休闲农业要发展，这些问题必须要解决。

自 2015 年李克强总理在全国两会上提出"互联网+"行动以来，各行各业都在致力于"互联网+"的有效运用。在这种形势下，借鉴国外的相关经验，将休闲农业与互联网结合起来，对于休闲农业来说或许是一个正确的发展方向。

◆搭建信息平台，方便消费者获取产品信息

对于休闲农业发展来说，问题之一就是缺少信息的传播渠道导致信息阻塞、传递不畅，仅凭口耳相传，消费者对产品的了解比较局限，仅了解那些发展较为成熟的产品，对那些不成熟的产品了解得很少。

而互联网的一大优势就是能将人和人、人和信息、信息和信息连接起来，为信息传播提供多元化的渠道。因此，对休闲农业和互联网进行整合，在消费者和生产者之间搭建一个平台，疏通信息传播渠道，进行大范围的推广传播，能极大地方便消费者获取产品信息。

> 2014 年，北京农委和百度达成合作协议，将北京市的民俗村、休闲农园、民俗户都标注在了百度地图上，用户通过百度地图能很快地获取产品信息，对比选择，进行消费。这是互联网和休闲农业融合的一次有益尝试。

◆满足用户互动需求，提升产品透明度

在"互联网 +"时代，用户在通过互联网接收信息的同时还在创造信息。如在各个网站论坛中发帖，在各社交平台上发表言论，在各 APP 上发表评论等，这些行为实现了用户之间的连接与互动。

在这种互动需求的影响下，各种 B2C、O2O、C2C 电商平台诞生了。在这些平台上，用户不仅可以消费，还可以对消费做出评价，平台对用户评价进行汇总形成产品的信用评价，为潜在的消费者提供更加翔实的产品信息，提升了产品的透明度，能帮助他们做出合理的决策。

◆真实反应产品状况，引导用户做出合理的购买决策

休闲农业作为一个新兴市场，汇聚了众多的经营者。如北京市在 2014 年就有 1300 多个休闲农业园，民俗户更是多达 15000 多户。如此庞大的经

营群体传播出来的产品信息必然也是非常庞杂的，凭借那些传统的传播途径，用户很难获取真实、有效的信息。好产品得不到高回报，就会引发恶性竞争。

为了解决这个问题，要借助互联网为休闲农业打造一个平台，创设用户评价窗口，将其中的评价内容公开，为用户提供真实有效的产品信息，对产品做出科学的评价，以辅助用户做出购买决策。

◆ 深入了解消费者需求，增加产品附加值

在互联网环境下，对于产品来说，其价值变现的决定因素不是产品质量，而是用户的认可度。因此，现如今的产品研发大都将用户需求作为导向，个性化、多样化成为了现如今产品生产的主流趋势。

休闲农业生产出来的产品与这种趋势正好相符。休闲农业的接待主体以民俗户为主，这些民俗户资源有限，能接待的人数也是有限的，他们只能依托自有资源为用户提供产品与服务。因资源不同，其提供的产品种类也不同；因资源有限，其提供的产品数量也较小，这不就是"多样化、个性化"吗？

> 以北京大兴青云店镇的休闲农业为例，这里的民俗户实现了"一户一品"，每户的风格都不同，提供的产品与服务也都各具特色。那么这些各具特色的产品和服务要如何满足消费者多样化的需求呢？
>
> 这就要求休闲农业不仅要依托互联网促进消费者之间的信息互动，还要促成消费者和经营者之间的互动，帮助经营者了解消费者的诉求，并以此为依托对产品进行重构，有效提升其附加值。

02 借助互联网突破休闲农业运营痛点

在"互联网+"发展的大背景下，受国家政策的引导，互联网和农业

积极融合，进而带动了"互联网＋休闲农业"的发展，诸多休闲农业电商平台纷纷涌现，平台运作模式愈加多元化，平台功能也愈发完善。

但在这火爆发展的背后，也隐藏着诸多问题，这些问题主要表现在功能和运营两个方面，如图 8-1 所示。如果这两方面的问题能得到有效解决，我国的"互联网＋休闲农业"就能得到更好的发展。

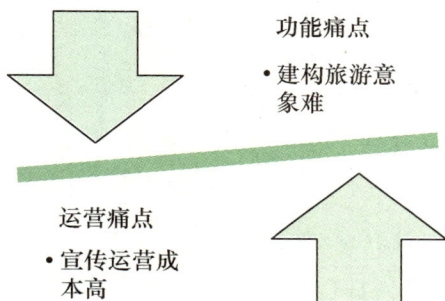

图 8-1 休闲农业运营的两大痛点

◆ 两大痛点：功能痛点 + 运营痛点

（1）功能痛点：建构旅游意象难

意象是一个比较抽象的概念。行为心理学家将人们对空间环境的主观印象称之为意象。从这个概念出发，我们就可以延伸出旅游意象的概念。**旅游意象指的就是游客对旅游区域中各种景象的主观印象及评价。通过旅游意象能够了解到旅游者希望从旅游中获得的各种体验，进而将游客的旅游动机激发出来。**

休闲农业为游客提供多样化、个性化的旅游产品，能够让游客全身心地沉浸在旅游环境中，让游客与旅游产品独处，充分享受到私人的、精神的旅游体验。从旅游凝视角度来说，休闲农业为游客提供的这种体验属性就是"浪漫凝视"，这是休闲农业最大的价值。所以，要想激发游客的旅游动机，推动休闲农业的发展，必须在休闲农业区建立这种具有"浪漫凝视"属性的旅游意象。

游客是否决定体验休闲农业，关键在于其所提供的产品是否符合旅游需求。因此，休闲农业的电商平台就不能只为游客提供产品名称、产品位置、产品内容、产品价格等信息，还要将其所提供的产品通过图片、文字、音乐、视频等形式表现出来，以建构起丰富的旅游意象，突显产品的核心精神感受。

但目前，很多休闲农业的电商平台为了方便管理都设定了很多标准化的模块，商家只能按照模块设定来对产品进行介绍，使得产品介绍毫无特色，没有感染力，更不可能打动游客、刺激消费了。

由此可见，休闲农业的电商平台不能提供多样化的产品介绍功能，不能帮助商家建构起完善的旅游意象，使得宣传效果不佳，无法刺激游客消费，是其功能上的一大痛点。

（2）运营痛点：宣传运营成本高

在互联网经济中，强者愈强、弱者愈弱的现象非常明显。电商平台的流量非常集中，那些大型的、为数不多的几个电商平台占据着大半的流量份额，后来者即使综合实力很强，要想提高用户黏度，形成稳定的用户群，也要投入大量的费用做好宣传工作。以淘宝电商为例，平台大份额的流量全部集中在少数几个商家手中，这些商家实力雄厚，在市场上有较强的影响力，也更容易获得平台流量。

对垂直电商平台来说，其服务群体涵盖了行业内所有的经营者，无论其实力强还是弱，无论其占据的市场份额是大还是小，都要帮助他们更好地进行运营。但在目前的电商市场上，那些实力弱、占据的市场份额小的商家数量太多了，这些商家不仅占据的流量少，其运营成本还高。休闲农业电商就是如此，在运营方面面临的问题非常多：

★休闲农业的影响力较小，要想吸引消费者关注，必须做好宣传推广工作；

★休闲农业的开展范围主要在农村，经营者也以农民为主，他们对互联网运营了解得比较少，需要指导帮扶；

> ★休闲农业提供的产品差异显著，没有标准，总体来说质量不高，游客的投诉率比较高，无形中就增加了平台的运营成本；
>
> ★休闲农业产品及服务所得的利润不高，不能支付平台高额的宣传推广费用，制约了平台的模式创新。

◆ "互联网 + 休闲农业"的痛点解决之策

要想推动"互联网 + 休闲农业"更好地发展，就必须很好地解决上述两个痛点：首先，在功能方面，要提升服务能力，帮助商家构建完整的旅游意象；其次，在运营方面，平台要想方设法地吸引商家参与平台建设，以减少平台的运营成本，帮助平台建立长期运营机制。

（1）打造开放式平台

从本质上讲，电商平台就是一个桥梁，连接着商家和游客，也连接着游客和游客，推动着信息在他们之间流通。为此，休闲农业要打造开放式的平台：首先，要丰富平台的传播方式，丰富平台的功能，帮助商家打造出情感丰富的宣传内容，方便商家构建出完美的旅游意象，增强游客的信息体验；其次，要完善平台的评论功能，并将用户评论开放，让游客在旅游之前能通过用户评论对旅游地有更全面的了解，以增强传播效果。

（2）实现宣传资源共享

对电商平台来说，最有价值的东西就是内容。休闲农业的经营者在微博、微信等自媒体或者报纸等公众媒体的帮助下形成了很多效果很好的宣传内容。休闲农业电商平台的一个重要任务就是对这些内容资源进行整合利用，以缩短内容的成型时间，提升内容的质量，真正地实现宣传资源的共享。

（3）探索用户导流模式

电商平台运行发展的动力来自于哪里？答案就是来自于用户。休闲农业经过几年的发展，很多都已经积累了一定的用户基础。在这样的情况下，休闲农业平台的任务就是要找到一种合适的方法将这些线下用户吸引到线上来，以完成用户从小平台向大平台的导流，缩短平台找寻用户的时间，降低其成本，促使其影响力得以有效扩散。

（4）建立信用担保机制

电商平台要吸引用户达成交易，就必须取得用户的信任。为了做到这一点，休闲农业电商平台要建立信用担保机制，用那些优质的产品做担保，以带动新产品的发展。通过这种方法，还能帮助优质的产品增强其市场影响力，提升市场的认可度。

03 休闲农业如何打造品牌竞争优势

社会的存在与发展都离不开农业，此外，人类文明的源头也是农业。从这个角度来分析，休闲农庄本身就拥有社会性功能，是不由人的主观意志决定的。那么，在进行休闲农业的品牌建设及发展过程中，可采取哪些有效措施？

◆产品质量重于一切

如今，信息技术还在高速发展之中，随之而来的是功利主义的大肆盛行，诚信缺失问题愈加严重，食品安全问题也逐渐成为人们关注的焦点，在这种大背景之下，绿色农业与生态价值理念受到广大消费者的欢迎，农业发展的竞争优势也突显出来。

对农业发展而言，最关键的不是规模，而是产品质量。所以，在农业发展的过程中，**首先应该采取的措施是减少污染，促进生态环境的建设，进行科学合理的开发，从而使自己的产品得到市场的认可。**

近年来，由于环境污染渐趋严重，诚信问题时有发生，加上食品安全问题引起社会的广泛关注，经营者提高了对产品质量的重视程度。从一定程度上来说，具有品质保证的产品经营者在整个销售过程中掌握主动权，换种说法，即有品质就会有销路。另外，越来越多的经营者开始转向特产和特供，典型的例子是 2008 年北京奥运会的食品特供。由此可见，随着人民经济收入的提高及其消费水平的提高，越来越多的消费者讲求生活质量，高质量产品的需求规模不断扩大，对整个市场经营及布局产生重大影响。

◆ 扩展农业生存空间

从经营者发展的角度来分析，要想拓展农业生存空间，增加利润来源渠道，就要进行资源整合，向外延伸产业边界，概括而言，就是建设农业产业生态链，从农业运营的各个环节入手，如生产环节、销售环节、供应环节等入手，与用户之间保持长期稳定的合作，打造利益共同体。

所谓延伸产业边界，就是发展与传统农业相关的活动项目，具有代表性的有垂钓、观光等，不过，在纵向进行业务拓展的过程中，经营者需要充分发挥自己的创新能力。

休闲农庄在种植果木时，可增加其布局的趣味性，或者按照中国传统文化中的"八卦阵"来设置，游客不仅可以体验亲手采摘的乐趣，还可通过破阵来赢取奖励，经营者则可向参与者收取门票，为传统经营增添更多的娱乐元素，吸引更多的顾客前来体验。

◆ 发挥农业资源优势

（1）展现地方性民俗

集中体现当地的民风民俗，如戏曲、民间手工艺、酿造工艺等，在为用户提供独特体验的同时，可以实现对传统文化的传承。

（2）呈现生态农业优势

对当地优势产业的呈现，有利于优化产品结构，是对区域性农耕活动及其生活状态的集中展示。

（3）体验自然景观

将自然环境、人文历史及现代化表现方式结合起来，为了给用户提供原生态的自然景观，要尽量避免过分的修饰，需要以生态保护为基础，将农耕生活、风土人情等与自然展现结合到一起。

◆ 提升农业软实力

（1）结合文化元素

在现阶段下，国内休闲农庄的发展尚处于初期阶段，对经营者的要求并不高，与欧洲的农庄项目之间存在较大的距离，这意味着该领域的发展存在生命周期，如今，餐饮消费服务的发展比较快，在今后的发展过程中，文化消费将会占据主导地位。

可用"休闲人的休闲生意"来理解休闲农业，也就是说，休闲农业是与有着共同追求的投资人进行合作，一起进行文化传承，体验休闲文化的乐趣。说到底，休闲农业追求的是为体验者提供休闲文化的氛围，使其产生认同感乃至归属感。农业、农耕生活、购物体验等带给用户的不仅是理想的生活状态，还蕴藏着浓厚的艺术氛围。

休闲农业的发展，体现了休闲农业的教育价值，能够让人们对农业文化有着进一步的了解，认识到农业文化的核心为种植文化。

（2）建立品牌效应

在进行产品营销时，是否具备品牌，在短期内不会产生明显的效益差距，然而，两者的最终效果是存在显著区别的。在很多情况下，效果的重要性要远远超出效率，而在品牌营销的过程中，两者的价值对比表现得尤为突出。

对企业经营者而言，只有具备系统化的品牌管理知识，才能使自身的品牌营销取得理想效果。而且，经营者的知识结构存在差异化特点，致使其承担的社会使命有所区别，体现出知识积累的价值所在，与此同时，也是行业资源沉淀的重要途径。品牌打造则为经营者进行资源沉淀与价值实现提供了载体，有效保证企业资源的持续性扩大。如今，人们主要通过计算机的系统化处理来搭建知识结构，而计算机的功能及价值体现与企业的内部系统有着直接的关系。

说到底，品牌打造是为了带给消费者归宿感。品牌的建设及维护并不是在短期内可以完成的，对经营者而言，**第一步要做的是从消费者的角度出发，以诚挚的态度服务于用户，为其提供满意的产品及愉悦的购物体验。在整个经营的过程中，要坚持为消费者提供高质量产品，从心理层面上打动顾客，相信最终能够得到消费者的认可。**

休闲农业的经营者在建立品牌理念时，通常会以生态、环保、诚信经营等为核心，因此，经营者需要时常关注社会焦点问题，通过实际行动提供有效的解决方案，最终实现跨越式发展。

在行业内站在先锋地位的企业，通常在品牌塑造、标准化建设及运营模式方面具备独特的优势，如今，企业的软实力逐渐成为行业内的竞争焦点，为此，企业在通过品牌建设来提高自身的竞争实力。

近年来，国内的休闲农业蓬勃发展，同类企业之间并没有明显的差异，竞争对手之间展开激烈比拼，经营者在建立自身的品牌时，需要制定系统性的发展规划，并综合分析自身战略的可行性、长远性，及是否容易被竞争对手模仿等。在信息时代下，越来越多的企业认识到知识经济的重要性，通过资源整合实现自身发展，身处其中的经济参与者也更多地聚焦于品牌建设及运营。不可否认的是，为了加速产业的发展，企业本身须不断提高自身的软实力，进而通过资源分享实现共赢。

（3）搭建资源丰富的运营平台

休闲农业的运营，为农村地区的人才发展、投资建设、品牌塑造及影响力发挥提供了平台支持。

休闲农业的服务价值更多地体现在对消费者精神及文化体验需求的满足，反映出人们对环境文化的认同，能够通过实地体验，促进消费者审美能力及精神境界的提高。休闲农业能够将经济发展与文化融为一体，通过平台化运营为用户营造浓郁的文化氛围，吸引用户前来体验与参与。休闲农业之所以选择资源整合的发展途径，与消费者的个性化需求、产品的同质化特征，还有农业生产及销售过程中面临的挑战息息相关。

除此之外，仅凭企业自己的力量是无法对接消费者的多样化需求的，为了解决这个问题，企业经营者需联手所在地区的农村居民，与其达成长期、稳定的合作关系。

无论是从功能定位，还是项目实施的角度来分析，休闲农业都拥有社会性功能，这种新兴农业经济形态的诞生有利于推动传统农业的改良及优化，但前提是经营者需要突破传统小农经济的思想，否则必然会在发展中途被市场遗弃。

在对休闲农业的功能承担有了清晰的认识之后，就能从本质层面来分析该领域的发展。从根本上来说，休闲农业是从传统农业发展而来的，生态保护与农业发展为休闲农业的出现奠定了基础，能够对用户形成强有力的吸引，同时借助于体验消费，将自己的优势产品与服务推广出去。通过自身发展，为当地的农业发展与进步做出积极的贡献，并将其作为自己的使命来承担。

（4）打造品牌的核心价值

休闲农业的发展能够有效加速城乡要素流动。其发展过程中涉及的要素包括土地、农业相关项目、文化及其他各类资源。而与之相对应的资金、人才、用户都为休闲农业的发展提供了有利支持，为了最大限度地推动该领域的发展，必须做好资源及资金、人才、用户之间的对接，打造品牌的核心价值。

为了达到这个目的，企业需要提高包括股份结构、内部组织、发展及运营模式等在内的综合竞争力，通过打造品牌的核心价值，为企业发展提供足够的资源（包括人才、资金等各个方面）保障。

04 "休闲农业＋旅游"的七大发展模式

◆田园农业旅游模式

田园农业旅游主要是通过农村优美的田园风光、独有的农作劳动以及绿色新鲜的食品吸引游客前来观光旅游，让游客感受农村生活、享受优质农产品、体验大自然之美。农业旅游的具体运营模式有田园农业游、园林观光游、农业科技游、务农体验游等。

田园农业游倾向于选择大田农业进行开发，游客通过参观农作劳动、学习农业知识、欣赏农田风景来感受农村生活，同时还能够购买绿色农产品。北京朝来农艺园是这方面具有代表性的例子。

园林观光游一般以果园或果林为开发对象，游客可以赏景、踏青、采摘并购买新鲜水果，体验回归自然的生活。北戴河集发农业观光园是这方面具有代表性的例子。

农业科技游则以现代化的新型农业模式为主，例如大棚蔬菜种植、新型生态农业等，让游客通过参观现代化农业种植及生产过程，感受现代农业的发展。珠海农科中心示范基地是这方面具有代表性的例子。

务农体验游则是让游客直接走进农村，与当地农民共同劳作，一起生活，切身感受农村的风土人情、文化氛围。上海崇明前卫村开展的许多体验项目是这方面的典型代表。

◆ 民俗风情旅游模式

民俗风情旅游是利用当地农村地区独有的风俗文化来吸引游客观光旅游。通过民间技艺、民俗活动以及农作劳动来展示当地农村的独有文化特色。举办有关农耕文化、民俗文化、民族文化等各类主题的特色旅游活动，能够有效提高乡村旅游的文化价值。

农耕文化游通过展示农耕工具、农作技巧以及传统节气的运用来吸引游客，此外，当地农产品制作技艺也是吸引游客的一大因素。新疆吐鲁番坎儿井民俗园是这方面的代表性例子。

民俗文化游一般通过当地独特的饮食、礼仪、建筑、服装打扮作为吸引游客的景致创办民俗旅游。陕西袁家村是民俗文化的代表性例子。

乡土文化游则是通过突出当地的特色文化风情，如歌舞、戏曲等民间技艺吸引游客。湖北省襄阳市保康县饶冶河村是这方面的代表性例子。

民族文化旅游是开发当地民族的文化价值，通过民族节日、风俗、歌舞等吸引游客。四川省平武县白马乡是这方面的代表性例子。

◆ 农家乐旅游模式

农家乐旅游是当地居民以自家庭院为场所，以当地知名景点、田园风光吸引游客，结合自产农产品烹制的特色美食，为游客提供吃、住、玩等丰富多彩的旅游模式。

农业观光型农家乐通过农村田园和农村生活吸引游客进行实地体验。湖南益阳花乡农家乐是这方面的代表性例子。

民俗文化型农家乐通过当地风俗、传统文化吸引游客。贵州郎德上寨是这方面的代表性例子。

民居型农家乐是利用当地独有的特色建筑以及住宅分布吸引游客旅游。陕北党家山村窑洞村落文化是这方面的代表性例子。

休闲娱乐型农家乐是通过完善的服务、美丽的自然风光，让游客体验吃、住、玩全套服务的旅游开发模式。福建省福州市闽侯的白沙湾生态农庄是这方面的代表性例子。

食宿接待型农家乐通过当地的特色美食和舒适的住宿环境吸引游客旅游。四川成都乡林酒店是这方面的代表性例子。

农事参与型农家乐是通过农作劳动、特色手艺吸引游客旅游。

◆ 村落乡镇旅游模式

村落乡镇旅游模式主要通过开发当地古村落或者现代化新农村，吸引游客进行观光体验。

古民居、古宅游一般是依托明清时期的农村建筑开发旅游。福建闽南土楼是这方面的代表性例子。

民族村寨游主要是对民族村寨进行开发，展示民族风俗发展旅游，我国的云南、广西、贵州是少数民族较多的地方，民族村寨游也发展迅速。

古镇旅游通过开发当地的古老村落建筑、民居、园林、街巷等发展旅游。例如凤凰古镇、丽江古镇。

新农村风貌游通过展示农村现代化建设、当地的格局规划、农村企业发展等来发展旅游。江苏华西村是这方面的代表性例子。

◆休闲度假旅游模式

该模式是指利用当地优美的自然风光、纯净无污染的空气、天然的温泉、低碳环保的整体氛围，加上附近的田园景观与特色文化，经过人为开发，打造完善的基础设施，发展娱乐项目，供游客度假，享受惬意的生活。借助森林、溪水、温泉等自然优势，加上统一规划及设施建设，以及高质量的服务，满足游客在度假期间的娱乐、休闲等多样化需求。

休闲农庄依托美丽的风景、当地的乡野风光、品类多样的特色农产品、价格低廉的食宿服务，满足游客的度假需求。广东省长鹿休闲度假农庄是这方面的代表性例子。

乡村酒店主打游客的食宿服务，结合附近地区的自然风光与文化风俗，满足游客的相关需求。北京市密云县干峪沟村的山里寒舍乡村酒店是这方面的代表性例子。

◆农业科普教育模式

农业科普教育旅游通过创办农业观光园、建立农博园等以农业、农村、农耕为主题的农业展示区，让游客能够走进农村，了解农业劳作技能，感受农业发展成果。

农业科技教育基地是从早期的农业科研基地发展而来的，将科研设施作为参观场所，通过对现代化农业技术的解读，对相关从业者及在校学生进行信息传播，在这种模式下发展起来的科教农业园，除了能够进行基本的农业生产，还具备示范及教育功能。陕西杨凌全国农业科技农业观光园是这方面的代表性例子。

观光休闲教育农业园依托所属地区的丰富农业资源、高质量的农产品、完善的农业设施建设，为游客提供实地体验、观光游览、教育培训等服务。高明蔼雯教育农场是这方面的代表性例子。

少儿教育农业基地依托所属地区的农耕文化、生产技术、饲养、畜牧等活动，面向小学生和中学生，组织他们学习农业技术知识，并在亲身体验中获得乐趣。

农业博览园向游客陈列当地的农产品、耕作农具、生产过程、特色文化等，为游客提供学习场所。无锡农业博览园是这方面的代表性例子。

◆ 回归自然旅游模式

依托农村地区的奇山异水、特色风光等自然风景，开展以爬山、观景、游水、泡温泉等形式多样的特色旅游，缩短游客与自然之间的距离。

05 "互联网＋休闲农业"营销模式创新

在互联网、移动互联网时代，市场上的品牌推广资源浩如烟海，营销的方式也多如牛毛，新媒体营销、APP营销、网站营销等数不胜数。"互联网＋休闲农业"要在营销模式方面实现创新，首先要对这些营销方法进行分解、融合。下面，我们就从现有的营销方式出发，对"互联网＋休闲农业"创新的营销模式进行解析。

◆ "互联网＋休闲农业"的营销模式创新

在互联网、移动互联网迅猛发展的背景下，"互联网＋休闲农业"的营销模式要创新：**首先，经营者要将自己休闲农场的相关信息上传到网络，这些信息的内容包括产品信息、品牌信息和服务内容等，这样才有可能让产品进入用户的视野；其次，经营者要编辑好优质的图文信息，通过微博、微信等自媒体让这些图文信息转载起来，使其在用户群中得以广泛传播；最后，经营者要想扩大影响范围，提升市场影响力，就要借助各种资源、条件制造话题新闻，以引起电视、报纸等公众媒体的关注，引导这些媒体对休闲农场进行专题报道。**

> 2012 年，长沙某酒店投资开发了一个名为星月岛婚庆主题农庄的项目。该农庄每做一次活动，就会将其相关信息上传到网络平台，这些信息就充当了 24 小时服务的推销员，面对全网用户进行推销，以推动信息在 PC 端得以传播。
>
> 此外，该农庄还开发了自己的微信公众号，将二维码进行全方位渗透，只要用户在农庄消费，就要找机会让用户扫码并关注。同时，该公众号还会周期性地发布一些有价值的图文内容，以吸引更多的用户关注，让其信息在手机端得以广泛传播。最后，该农庄还会借助其资源优势开办一些婚庆文化节，以吸引电视等公众媒体的关注，以推动信息在电视端传播。
>
> 通过这种三位一体的方式，该农庄的相关信息全范围覆盖了电脑、手机和电视等信息传播渠道。

（1）新媒体营销

如今，在新媒体领域，最为火爆的社交平台当属微信，微信已经成为人们日常生活不可缺少的一部分，其中的朋友圈、公众号更是成为人与人交流、获取外界信息的重要渠道。很多经营者都从微信平台上看到了商机，利用各种方式来为他们的产品做宣传推广。

休闲农业要想做好营销也要如此，各农庄的经营者要借助微博、微信这些新媒体开展营销。申请开通自己的微信公众账号，实时发布一些最新的产品资讯，发布一些游客在农庄旅游的照片，配以精美的文字来刺激人们的消费欲望。

（2）APP营销

随着移动互联网的飞速发展，各种各样的移动APP层出不穷，深受用户欢迎。休闲农场的经营者也可以从这个角度切入，借助APP开展农产品的推广营销工作，还可以在其中加入订购、支付等功能，将产品宣传与订购销售结合起来，以随时随地地满足用户需求。

（3）网站营销

在互联网环境下产生的各种营销方式中，网站营销是一种最基本的方式。在这个虚拟的网络环境中，网站作为企业门户代表的是企业形象，一个优质的网站在企业营销方面能发挥出巨大的作用。因此，休闲农业的经营者要重视网络营销，做好网站建设。

首先，要完善网站信息。 在一般情况下，休闲农场网站上要包含以下信息，如农场位置、乘车路线、自驾路线、农场规模、农产品信息、食宿信息、促销活动信息等，这些信息要根据农场的实际发展情况实时更新，尤其是促销活动信息，不仅要实时更新，还要放在醒目的位置。

其次，要完善在线支付功能。 目前，支付宝、微信支付等支付方式非常流行，网站要追随这种趋势，借助这些支付方式完善在线支付功能，让用户可以随时下单，随时结算，为消费者结算、付款提供各种便利。

最后，完善在线预订功能。 网站要开发并完善在线预订功能，为消费者提供筛选—下单—结算的一条龙服务，真正地让网站成为休闲农场运营的前台，实现线上、线下的融合，更好地推动休闲农业发展。

随着时代的发展，用户需求日益多元化。自李克强总理提出"互联网

+"以来，各行各业都在努力与互联网融合，希望借助互联网实现跨越式发展。我国的休闲农业经过 20 多年的发展，在"互联网 +"的这个风口上，要紧抓机会，想方设法地与互联网实现跨界融合，将其打造成与现代人生活紧密相连的一种生活方式，扩大知名度，扩宽营销渠道，增强市场影响力，冲破发展瓶颈，以推动其实现稳定、持续的发展。

◆ "互联网 + 休闲农业"的运营模式

（1）工具 + 社群 + 电商

社群是一个比较抽象的概念，简单来讲，社群就是一种社会关系，基于某个点将大家的需求、爱好聚集起来，就形成了一个社群。随着互联网、移动互联网的发展，信息交流日益顺畅，社群的形成也愈发便捷。借助于互联网，分散在各个角落的需求被重新聚集起来，形成了一个规模化的需求，使得重聚价值得到了有效地解决。

在互联网环境中，一种新的混合商业模式——"工具 + 社群 + 电商"悄然而生。以微信为例，它是作为一种社交工具出现的，首先它吸引了海量用户加入，之后又添加了点赞与评论等社区功能，随着微信支付、电影票、精选商品、话费充值等功能的加入，又兼具了商业功能。

为什么一个小小的微信能同时兼具这么多功能呢？为什么"工具""社群""电商"这三种看起来毫无关系的事物可以联系在一起，形成一种商业模式呢？因为三种事物是相互补益，相互契合的。首先，工具可以用来满足用户的消费需求，可以用来充当流量入口，但是没有办法沉淀粉丝用户；其次，社群可以沉淀粉丝用户；最后，电商可以实现流量变现。三个看起来毫无联系的实物，其内在融合的逻辑是一致的，因此可以相互融合，共同构成一种混合的商业模式。

"互联网 + 休闲农业"要借鉴这种模式，通过优质的产品或者服务吸引用户，形成社群，沉淀出粉丝用户，再通过订单交易实现流量变现，从而实现盈利。

（2）免费模式

在"互联网＋"时代，最不缺的就是信息，五花八门的信息铺天盖地，使得用户的注意力日渐成为一种稀缺资源，成为各经营者争抢的对象。对于互联网产品来说，最重要的资源就是流量，有了充足的流量才有能力完成商业模式的构建。因此，在互联网经济时代，经营者最主要的工作就是吸引用户的注意力，并以此为基础创造价值，然后将其转化为利润。

在互联网环境下，企业吸引用户注意力常用的做法就是免费。以360安全卫士为例，在之前，电脑用户需要自己花钱购买杀毒软件，但是360安全卫士的出现彻底打破了这种方式，为用户终身免费提供杀毒软件，以此吸引了大量的用户。然后再借助其他的增值服务获利。如360电脑专家，用户在遇到电脑问题时可以请工程师远程帮忙解决，用户要支付一定的费用给工程师等。

"互联网＋休闲农业"的发展也可以借鉴这种模式，在别人收费的领域做免费活动，以吸引流量，再通过其他的增值服务来将流量变现，从而实现盈利。

（3）O2O模式

O2O，线上对线下，这种模式在我们的日常生活中已经非常常见。简单来说就是线上交易、线下体验。具体来说，有两种应用场景：第一，线上到线下，用户在线上下单付款，再到线下实体店体验消费；第二，线下对线上，用户在线下选好商品，再到线上下单购买。

对于"互联网＋休闲农业"来说，这或许是最容易实现的一种营销方式。休闲农场的经营者可以将产品信息放到电子商城或者自己的网站上，用户选好产品下单付款，获取交易码，然后持交易码到线下的农场消费体验。这种方式有效地将互联网思维和传统产品融合在了一起，提升了交易效率，推动了休闲农业的发展。

在互联网经济时代，休闲农业与互联网的融合能有效地拓展网络营销方式，实现互联网和休闲农业的跨界融合，推动休闲农业更好地发展。

06 澳洲 "互联网 + 休闲农业" 的启示

休闲农业在我国只有 20 多年的发展历史。2005 年 10 月在十六届五中全会上通过的《"十一五" 规划纲要建议》将休闲农业列为新型的农业发展模式，并明确表示要推动其在全国各地开展。由此，我国的休闲农业开始呈现出蓬勃之势。

截至 2014 年年底，我国休闲农业的总收入达 3000 亿元，使得 3000 万农民从中受益。2015 年 8 月下发的《关于进一步促进旅游投资和消费的若干意见》中提及，到 2020 年，我国乡村年接待游客将超过 20 亿人次，受益的农民将高达 5000 万人。

进入 "互联网 +" 时代以来，互联网和休闲农业的融合无疑为其发展插上了一双翅膀。但就 "互联网 + 休闲农业" 的发展来说，我国尚处于探索阶段，而澳大利亚等国则已经非常成功了。下面我们就对其成功经验进行分析，借鉴吸收其有益成果，以推动我国 "互联网 + 休闲农业" 的发展。

◆ 澳大利亚、新西兰农村信息化经验和做法

（1）建设农业信息化服务平台

首先，澳大利亚的农业与资源经济局开发建设了农业信息平台，该平台涵盖了多个系统，如预测系统、检测信息系统、农产品信息系统等，这些系统所产生的任何信息都是公开的，来为农业生产提供方方面面的服务。以监测系统来说，该系统要对降水量、土地面积的减少情况、干旱区域面积等情况进行监测，并将其相关信息汇总出来，公开发布，全民共享。

其次，为了方便农民从事农业生产活动，澳大利亚的国家信息与通信

技术研究机构还开发了很多农业智能软件来辅助农业生产，这些软件都是可以免费下载的。

（2）广泛应用智能决策软件

澳大利亚和新西兰的农业部门都非常擅长使用一些软件来辅助农业生产，如澳大利亚的农业与资源经济局经常使用的"多项目分析系统"，该系统能对农业种植环境、农产品投资环境、农户居住环境等进行分析，能够帮助用户在农业生产方面做出科学的决策，以免因选择不当蒙受损失。

（3）发挥定位系统的优势和效益

澳大利亚的可持续发展和环保部打造了一套定位系统，这套定位系统在维多利亚州建设了 102 个基站，各基站之间相距 20 千米，能借助相关的技术设施对行政管理、交通管理、水情、海拔高度等进行精准的定位和测算，并借助图片将覆盖范围内每一块土地的使用情况都精确地反映出来。

这套定位系统的应用领域非常广阔：它可以对每个基站的运行情况进行监测；在农业生产领域，它可以借助 GPS 对农作物进行合理地布局，并辅助农业生产做好排灌工作；在灾害防治领域，它能对滑坡、泥石流等地质灾害和森林火险进行监测；在市政管理领域，它能辅助相关人员对市政设施进行科学的布局；在海洋工作领域，它能精确地进行海底定位等。

借助于这套定位系统，澳大利亚的农业总产值提高了 5 ～ 10 个百分点，每年可产生 3600 万澳元的收益，能拉动 GDP 增长 1.1 ～ 2.1 个百分点。

（4）将信息化融入生态农业旅游

新西兰是一个以农业和旅游业为主要产业的发达国家，这在全球范围内都是少见的。在新西兰，很多农民都有自己的网页，更别说企业了，他们将自己的产品展示在网页上，也从网络上获取农产品的需求信息，并定期将产品带到城市中出售。

在旅游方面，很多游客都从网上获取旅游信息。而在新西兰酒店的网站上，除了常规的酒店介绍之外，还有食品的相关介绍，包括食品产地、来源、供应商信息等，游客可以自行订购。另外，新西兰的旅游业与农庄的结合非常紧密，一些自驾出行的游客可以在中途停下来到农庄休整，也可以专门开车到农庄休闲、放松。

（5）利用互联网促进当地经济发展

新西兰政府投资 10 万新元开发了一个名为"web-raising"的项目，希望借助互联网助力当地经济发展。

新西兰的数字化决策机构筹集资金用于网站建设，倡导农民将农产品信息发布到该网站上，倡导全民将一些有价值的景点信息列在地图上并发布到网站上，另外，一些有趣的微视频、个人拍摄的有趣的作品也都可以上传到网站。借助该网站，农民可以获取所需的农产品供需信息，旅游者可以获得优质的旅游体验，国民还能获得展现自己拍摄技术和创作才能的机会。

该平台于 2005 年建成，发展到今天，当地社区的企业都已经加入了。借助该平台，企业、居民和旅游者能顺畅地进行沟通与交流，极大地推动了当地农业和旅游业的发展。

◆新农业信息化对中国的启示

澳大利亚和新西兰都是地多人少，农业组织化水平高，这与我国地少人多、碎片化经营的国情非常不符。但通过研究分析，我们依然从澳大利亚、新西兰政府推动农业信息化建设方面发现了一些有益的经验。

（1）政府重视信息通信技术在农业中的应用

澳大利亚和新西兰政府都对信息通信技术用于农业生产的作用有非常清晰的认识，他们认为信息通信技术不仅能够为农业生产提供很多有益的信息，并且还能将农民和政府有效地连接起来。因此，两个国家的政府在推动信息通信技术用于农业生产方面做出了很大的努力。比如政府在定位系统、信息监测系统、智能软件开发方面投入大量的人力和物力，帮助农民对天气状况、土地使用情况进行监测，辅助农民采用科学的方法开展农业生产。

（2）**政府扶持，带动企业投资电信基建**

新西兰地域广阔，很多偏远地区人烟稀少，电信基础设施不完善，相关建设具有投入大、收益小的特点，如果交由企业来投资建设的话效果一定不佳。因此，政府在制定宽带计划时将其投资主体确定为政府。政府针对宽带运营商设立特殊税种，依据其营业额确定税率，一次性征收税费，用于宽带建设。通过这种方法，不仅偏远地区的电信基础设施得以完善，政府也不用承担较大的财政负担，相关的运营商还能从中获利，真是一举三得。

（3）**生态农业和信息化有机结合**

新西兰的农业发展也面临着诸多问题，如土壤的突然退化导致土地养分流失，氮肥等的喷洒对水源造成污染，进而影响牛羊等牲畜的健康，过度放牧导致土地退化等。新西兰政府为解决这些问题，将农业发展与环境保护进行了有效融合，借助信息化手段来推动生态农业的发展。例如，为了保护土壤，新西兰政府借助计算机技术为农作物定制施肥计划，进行少量多次的施肥。再例如，新西兰科学家为保护牧场，研发了一些新的牧草品种等。

近年来，我国城镇化进程非常快，如何保护土地，如何保护农业发展已经成为了关键性的问题。新西兰这种信息化与生态农业结合的模式为我们提供了一个很好的思路：现阶段，我们可以依据各农村的特色，利用信息化打造生态农业，以推动农业实现可持续发展。

07　聚土地：休闲农业运营创新与实践

近年来，"互联网＋"备受关注，不仅受到了各大企业家的追捧，也走进了国家领导人的视野。在 2015 年的《政府工作报告》中，李克强总理提出了"互联网＋"行动计划，提出要实现移动互联网、大数据、云计算、物联网等新技术与现代制造业的结合。该政策一出，各行各业纷纷在与互联网跨界融合方面投入了大量的人力、物力，休闲农业也不甘其后。

2015 年，安徽绩溪借助互联网平台打造了一个名为"聚土地——定制私家农场"（简称"聚土地"）的项目。绩溪县农委在绩溪政府的支持下对下属的乡、镇、村进行协调，以不改变土地用途为前提组织土地流转。

将龙川村、上庄镇、伏岭湖村有土地流转意向农户的土地集中起来，根据面积划分成三种套餐在线销售，其套餐类型为：580 元 1 分地、2400 元半亩地、4800 元 1 亩地，周期为一年。套餐的购买者可以自己耕种，也可以请农民代为耕种。购买者购买的土地上生产的农作物会直接邮寄到购买者家中，频率为 2 次 / 月。另外，购买者还可以免费领取当地景区的门票，享受当地农家乐 3 天免费住宿。

该项目一上线，所有的套餐都在 5 天内售罄，期间点击次数达 5 亿次，咨询人数过 35 万，实际有 3560 人购买，销售额达 228 万元。该项目对休闲农业中的各生产要素进行了优化整合，将线上与线下贯穿起来，二者互为补益，推动了农业、工业与服务业的融合发展，提高了休闲农业的服务质量和服务效率，增加了农民收入，为休闲农业持续、稳定的发展提供了有效的保障。

绩溪县的聚土地项目经过一段时间的应用和发展，在如何推动"互联网 + 休闲农业"发展方面有所成就，分析如下。

◆改善信息不对称，降低交易成本

在"聚土地"项目应用之前，绩溪县农业发展最大的障碍就是信息不对称，绩溪县的农民不了解外面的市场行情，外面的人对绩溪县的农业也不熟悉，使得绩溪县的农业发展受到了严重的阻碍。

在"聚土地"项目应用之后，借助于互联网破除了信息不对称的壁垒，将绩溪县当地的农产品，如香菇、绿笋、木耳、核桃等借助于互联网和电商平台做了有效的推广，并且帮助绩溪县的当地农民学会使用互联网了解农产品的市场行情，让农民有针对性地从事农业生产活动。

通过这一做法很快打响了绩溪县农产品的知名度，拓展了其销售渠道，增加了农民收入。并且，通过电商平台营销还节省了实体店铺的租赁成本，从而降低了交易成本，一举两得。

◆ 促进专业化分工，提升劳动生产率

在"互联网＋休闲农业"模式中，有一个很大的问题就是电商不能对农民生产进行专业化的指导。在"聚土地"项目开展的过程中，为了解决这个问题，绩溪县政府积极主动地促成电商与当地专业合作社的合作，以形成专业化的分工。

其中，电商平台的主要任务是负责产品的包装营销和电商平台的稳定运行；合作社的重要任务是负责生产订单，指导农民生产。通过这样的分工，农业生产效率得到了很大的提升。

◆ 充分调动各种资源，促进农民增收

自绩溪县开展"聚土地"项目之后，农民在农产品之外还获得了很多额外收入。2014 年，绩溪县接待旅游人数 510 万人次，共收入 24 亿元。到 2015 年，仅第一季度就接待游客 143 万人次，共收入 6.6 亿元，同比增长 24%。当地农民在获得旅游收入之外，还能获得一笔不菲的土地流转费（每亩 800 元）和务工收入（每天 50 ～ 70 元）。

通过这种方式，不仅使当地的土地资源和闲置的农村旅游资源得以灵活应用，还有效拓宽农民的增收渠道，增加农民收入。

◆ 打造地方特色，提升休闲农业知名度

"聚土地"项目推出之后，绩溪县作为"互联网＋休闲农业"模式的先行者广受关注。不仅中央电视台等媒体对其进行了报道，更是借助于互联

网的宣传推广提升了其知名度。

借助于该项目，安徽亮景文化旅游开发有限公司联合阿里巴巴推出了一个众筹活动，主题是"万人众筹——重建中国最美古村落"，吸引了超过1.7 万人参加。这些活动在很短时间内就产生了效果，"千年仁里"成为"中国最美休闲农村"，"家朋油菜花梯田"成为"中国美丽田园"，成功地为绩溪县打造了城市名片，有效提升了其休闲农业的知名度。

作为"互联网 + 休闲农业"的一次新尝试，"聚土地"项目的开展也不是一帆风顺的，在实施的过程中遇到了重重障碍，如物流成本高、电商人才缺乏、生鲜农产品不易保鲜等。

针对这些问题，绩溪县政府采取了诸多措施：为缩短物流时间，降低物流成本，绩溪县政府引导物流企业缩减了很多中转站；为了解决资金问题，绩溪县政府调控各种资源，建立专项资金来推动电商的发展，并培养了上万名电商人才，在全县范围内设置了 50 多个电商服务店，为农业电商的发展提供了全方位的保障。

绩溪县"聚土地"项目的应用实践为我国"互联网 + 休闲农业"模式的应用提供了诸多借鉴，2014 年 9 月，阿里巴巴推出"聚土地"二期项目，在包括绩溪、芜湖、诸暨、婺源等 8 个县同时启动；2015 年 5 月，阿里巴巴推出了"聚土地"三期项目，在全国范围内开展运营。未来，以"聚土地"模式为基础，我国的"互联网 + 休闲农业"将稳步前进。